NICOLAS BONNEFOY

LE GRAND LIVRE DES ÉNIGMES DU SPHINX

RÉSOLVEZ PLUS DE 500 ÉNIGMES POUR ACCÉDER AU PANTHÉON !

hachette

58, rue Jean-Bleuzen
92178 Vanves Cedex

DIRECTION
Catherine Saunier-Talec

RESPONSABLE ARTISTIQUE
Cécilia Rehbinder

RESPONSABLE ÉDITORIALE
Lisa Grall

ÉDITION
Florine Marguin

TEXTES
Nicolas Bonnefoy

ILLUSTRATION DE COUVERTURE
Nicolas Gallois

MISE EN PAGE
Édouard Vauthey

FABRICATION
Amélie Latsch

PARTENARIATS
Dana Lichiardopol-George
(dlichiardopol@hachette-livre.fr)

Crédits iconographiques : p. 167 et 339 : © vector/iStock ; p. 25, 26, 38, 237, 248, 249, 302, 303, 307, 359, 362 et 363 : © Mark Kolpakov/iStock ; autres pages : © palau83I/iStock

Achevé d'imprimer par Estella Gráficas, en Espagne en septembre 2020

Dépôt légal — novembre 2020 50-0528-7
ISBN 978-2-01-945662-7

INTRODUCTION

Ce livre est un condensé des plus élégantes énigmes de l'humanité, du Sphinx à nos jours. Il regroupe 250 énigmes et jeux de l'esprit qui vous permettront d'entraîner votre cerveau au quotidien, lors de soirées entre amis ou encore durant de longs trajets.

Pour chaque énigme, vous retrouverez son titre, la catégorie à laquelle elle appartient, son énoncé, sa difficulté entre 1 et 5, ainsi qu'un indice pour les niveaux 3, 4 et 5.

Nous vous recommandons de prendre votre temps sur chaque énigme mais surtout, de partager les énigmes avec vos proches : une énigme n'est jamais mieux exprimée que quand elle est racontée par quelqu'un qui la connaît à d'autres personnes, en y mêlant contexte, indices et pièges.

NIVEAUX RENCONTRÉS

★

★★

★★★

★★★★

★★★★★

DESCRIPTION DES CATÉGORIES

Les énigmes sont classées en 8 catégories afin que chaque lecteur puisse trouver chaussure à son pied. Ces catégories sont :

• **Junior :** des énigmes pour les plus jeunes, avec des pièges et beaucoup de problèmes pour lesquels, l'essentiel est de bien lire l'énoncé, une qualité qui permettra à vos enfants d'obtenir des notes très correctes en sciences tout au long de leur scolarité. Pour ces énigmes, la difficulté, de 1 à 4 sur 5, est adaptée au niveau junior.

• **Devinettes :** des énigmes simples, souvent littéraires.

• **Enquêtes :** des énigmes dans lesquelles un joueur prend le rôle de maître du jeu, lit la solution et répond par « oui », « non » ou « ça n'a pas d'importance » aux autres joueurs qui mènent l'enquête.

• **Astuciosités :** des énigmes pour lesquelles il vous faudra faire preuve d'ingéniosité et d'astuce !

• **Suites & intrus :** des séries à poursuivre ou des intrus à identifier.

• **Logique :** de belles énigmes logiques qui vous feront vous arracher les cheveux.

• **Allumaths :** quelques calculs surprenants et autres jeux avec des allumettes, bref, des allumettes et des maths, des allumaths.

• **Senior :** des énigmes pour joueurs confirmés, voire très confirmés ! Pour certaines énigmes, quelques compétences mathématiques sont requises.

RAPPEL CONCERNANT CHIFFRES ET NOMBRES

Nous appelons chiffres les 10 signes suivants : 0, 1, 2, 3, 4, 5, 6, 7, 8, 9.
Les nombres sont composés de chiffres (hors nombres romains),
comme les nombres 17 et 41,7 pour ne citer qu'eux.

Bref, un chiffre est un nombre mais il est vraiment extrêmement rare
qu'en prenant un nombre au hasard, vous tombiez sur un chiffre.

LES NOMBRES ROMAINS

Les nombres romains étant très souvent utilisés dans les énigmes,
nous vous proposons ici un petit rappel non exhaustif mais
suffisant dans le cadre de ce livre.

VALEURS DES CHIFFRES ROMAINS

I : 1
V : 5
X : 10
L : 50
C : 100
D : 500
M : 1 000

PRINCIPES DE REPRÉSENTATION

• Un nombre en chiffres romains se lit de gauche à droite.

• Un même symbole ne peut généralement être employé que 3 fois de suite.

• Tout symbole qui suit un symbole de valeur supérieure ou égale s'ajoute à celui-ci (exemple : 11 s'écrit XI, 18 s'écrit XVIII).

• Tout symbole qui précède un symbole de valeur supérieure se soustrait à ce dernier (exemple : 9 s'écrit IX).

• Attention, ôter I de L ou de C n'est pas pratiqué (exemple : 49 s'écrit XLIX et non IL).

• Les symboles sont groupés par ordre décroissant, sauf pour les valeurs à retrancher selon la règle précédente (exemple : 1 030 s'écrit MXXX, et non XXXM).

ÉNIGMES

JUNIOR

Des énigmes pour les plus jeunes, avec des pièges et beaucoup de problèmes pour lesquels, l'essentiel est de bien lire l'énoncé, une qualité qui permettra à vos enfants d'obtenir des notes très correctes en sciences tout au long de leur scolarité.

Pour ces énigmes, la difficulté, de 1 à 4 sur 5, est adaptée au niveau junior.

NIVEAUX RENCONTRÉS

★☆☆☆☆

★★☆☆☆

★★★☆☆

★★★★☆

1

CONTES ET LÉGENDES

★

Un jour, allant au bois dormant,
J'ai croisé Blanche-Neige et les sept Nains.
Chaque N ain portait sept sacs,
Dans chaque sac étaient sept pommes.
Chacune des pommes avait sept vers.

VERS, POMMES, SACS, NAINS,
COMBIEN ALLAIENT AU BOIS DORMANT ?

Solution p.300

2

ÉLÉMENTAIRE

★☆☆☆☆

Je suis d'eau, d'air et d'électricité.

QUI SUIS-JE ?

Solution p.300

3

L'ÉNIGME EST ENCORE PLUS COMPLIQUÉE EN FRANCS

★☆☆☆☆

J'ai dans ma poche deux billets.
Ces deux billets font un total de 25 €.
L'un des billets n'est pas de 5 €.

QUELS BILLETS AI-JE DANS MA POCHE ?

Solution p.300

4

POUR RÉVISER LES JOURS DE LA SEMAINE

★☆☆☆☆

QUEL JOUR SOMMES-NOUS SI :

Nous ne sommes pas le lendemain de lundi ou le jour avant jeudi, que demain n'est pas dimanche, que ce n'était pas dimanche hier et que le jour après demain n'est pas samedi, et enfin que le jour avant hier n'était pas mercredi ?

Solution p.300

5

IL VA FALLOIR VOUS MOUILLER ! (1)

★

COMMENT OBTENIR 1 L D'EAU AVEC UN SEAU DE 5 L ET UN AUTRE DE 3 L ?

Vous avez autant d'eau que vous le souhaitez.

Solution p.300

6

LES CHAUSSETTES NOIRES (1)

★★★★★

Une femme se trouve en pleine nuit noire.
Elle doit prendre dans son tiroir une paire de chaussettes de même couleur mais elle sait que, dans son tiroir, il y a 50 chaussettes noires et 50 chaussettes blanches.

COMBIEN DOIT-ELLE PRENDRE DE CHAUSSETTES POUR ÊTRE CERTAINE D'AVOIR UNE PAIRE ?

Solution p.301

7

IL VA FALLOIR VOUS MOUILLER (2)

★☆☆☆☆

Vous disposez d'un robinet d'eau, d'un seau de 3 L et d'un autre de 4 L.

COMMENT POUVEZ-VOUS RÉUSSIR À MESURER 2 L D'EAU ?

Solution p.301

8

PROBLÈME NORMAND

★

Vous voulez couper un camembert en 8 parts égales en seulement trois coups de couteau et sans déplacer les parts.

COMMENT ALLEZ-VOUS FAIRE ?

Solution p.301

9

PROBLÈME POUR MARINS D'EAU DOUCE

★

Une échelle est fixée sur un bateau.
À marée basse,
10 barreaux de l'échelle sont hors de l'eau.
Chaque échelon est espacé de 20 cm.
À marée montante,
la mer monte à un rythme de 40 cm par heure.

AU BOUT DE TROIS HEURES, COMBIEN RESTERA-T-IL DE BARREAUX HORS DE L'EAU ?

Solution p.301

10

DEVINETTE POUR JUNIORS

★★★★★

Je fus hier,
je serai demain.

QUI SUIS-JE ?

Solution p.301

11

TOI, TU CREUSES

★☆☆☆☆

QUEL VOLUME DE TERRE Y A-T-IL DANS UN TROU D'1 M DE RAYON ET D'1 M DE PROFONDEUR ?

Solution p.302

12

ALLUMETTES JUNIOR (1)

★☆☆☆☆

Déplacez une des allumettes pour rendre l'équation suivante correcte.

IL Y A DEUX SOLUTIONS À TROUVER !

Solution p.302

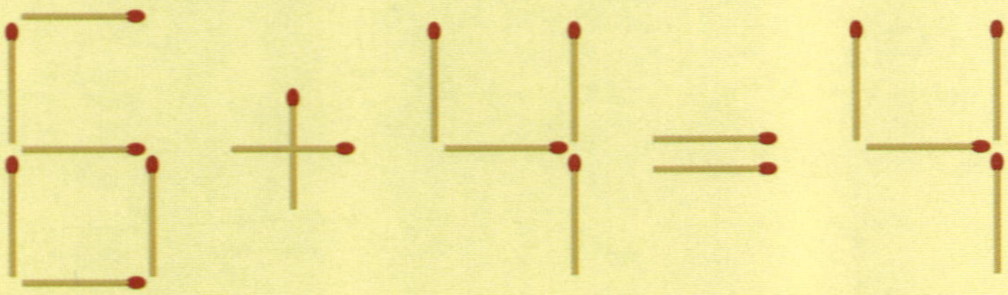

13

ALLUMETTES JUNIOR (2)

★☆☆☆☆

DÉPLACEZ UNE DES ALLUMETTES POUR RENDRE L'ÉQUATION SUIVANTE CORRECTE.

Il y a deux solutions à trouver !

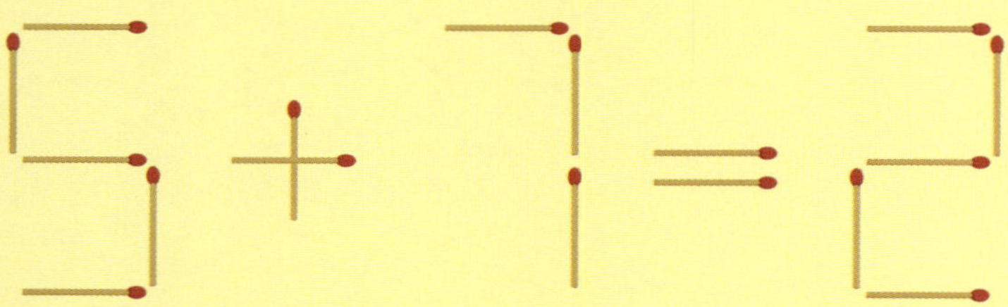

Solution p.302

14

POISSON D'AVRIL !

★★★★★

La mère de Basil a 4 enfants. Le premier s'appelle Janvier, le second Février et le troisième Mars.

COMMENT S'APPELLE LE QUATRIÈME ?

Solution p.303

15

LES CHAUSSETTES NOIRES (2)

★★★★★

Une femme se trouve en pleine nuit noire.
Elle doit prendre dans son tiroir une paire de chaussettes
de même couleur mais elle sait que, dans son tiroir,
il y a 50 chaussettes noires, 50 blanches et 50 rayées.

COMBIEN DOIT-ELLE PRENDRE DE CHAUSSETTES POUR ÊTRE CERTAINE D'AVOIR UNE PAIRE ?

Solution p.303

16

SUR LISTE ROUGE

★☆☆☆☆

Dans un petit village, 10 % des habitants sont sur liste rouge.

SI VOUS PRENEZ L'ANNUAIRE TÉLÉPHONIQUE ET QUE VOUS CHOISISSEZ AU HASARD 7 HABITANTS PARMI LES 77 HABITANTS DE CE VILLAGE, COMBIEN SERONT SUR LISTE ROUGE ?

Solution p.303

17

FAMILLE RECOMPOSÉE

★★

Walid rencontre Anne. Anne rencontre Walid. C'est l'amour fou. Ils quittent leur conjoint et se marient. Anne et Walid avaient déjà plusieurs enfants issus de leurs relations passées. Après plusieurs années, ils ont, à eux deux, 11 enfants. Anne est la mère de 7 enfants et Walid le père de 6.

COMBIEN ONT-ILS EU D'ENFANTS ENSEMBLE ?

Solution p.304

18

PARIS CYCLISTES

★★☆☆☆

Deux cyclistes s'affrontent dans une course sur deux parcours de même longueur. Le premier parcours est plat, le second monte sur la moitié de la distance puis descend.

Le cycliste A prend le parcours plat.
Le cycliste B choisit le parcours qui monte puis descend.

En termes de vitesse, le cycliste B va deux fois moins vite que A en montée mais deux fois plus vite en descente.

SUR QUEL CYCLISTE PARIEZ-VOUS ?

Solution p.304

19

L'ÉNIGME DU SPHINX

★★☆☆☆

QUEL ÊTRE VIVANT, POURVU D'UNE SEULE VOIX, A D'ABORD QUATRE JAMBES LE MATIN, PUIS DEUX JAMBES LE MIDI, ET TROIS JAMBES LE SOIR ?

Solution p.304

20

KERMESSE

★★☆☆☆

Complétez cette phrase par un mot qui convient :

AU BAL CHAMPÊTRE, DES ENFANTS...

Solution p.305

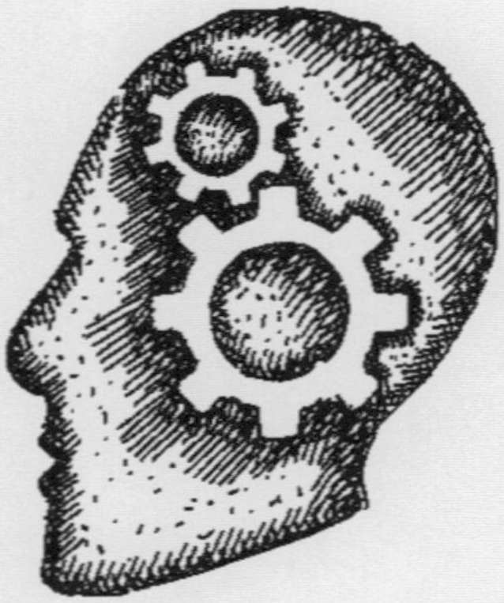

21

LE PAYSAN ET LA RIVIÈRE

★★

Un paysan se trouve avec un chou,
une chèvre et un loup sur la berge d'une rivière.
Il possède une barque pour traverser la rivière
mais celle-ci n'a que deux places dont une pour lui.
De plus, s'il n'est pas présent,
la chèvre mange le chou et le loup mange la chèvre !

COMMENT PEUT-IL FAIRE POUR FAIRE TRAVERSER LE CHOU, LA CHÈVRE ET LE LOUP SANS INCIDENT ?

Solution p.305

22

UNE PRISON SAUGRENUE

★★★★★

Plus j'ai de gardiens, moins je suis gardé.
Moins j'ai de gardiens, plus je suis gardé.

QUI SUIS-JE ?

Solution p.306

23

ÇA MARCHE AUSSI AVEC DES LEGO

★★★★★

Line et Eva sont deux sœurs.
À elles deux, elles possèdent 12 personnages Playmobil®.
Line en a 10 de plus qu'Eva.

COMBIEN EVA A-T-ELLE DE PERSONNAGES PLAYMOBIL® ?

Solution p.306

24

HISTOIRE DE FAUSSAIRE

★★☆☆☆

Vous devez retrouver un faux diamant dans un lot de 9 diamants.
Vous savez que le faux diamant est moins lourd que les 8 autres.

Vous disposez d'une balance à balancier
mais vous n'avez le droit qu'à deux pesées.

COMMENT VOUS Y PRENEZ-VOUS ?

Solution p.306

25

ALLUMETTES JUNIOR (3)

★★☆☆☆

COMMENT, EN DÉPLAÇANT UNE ALLUMETTE, POUVEZ-VOUS RENDRE CETTE ÉQUATION JUSTE ?

Solution p.307

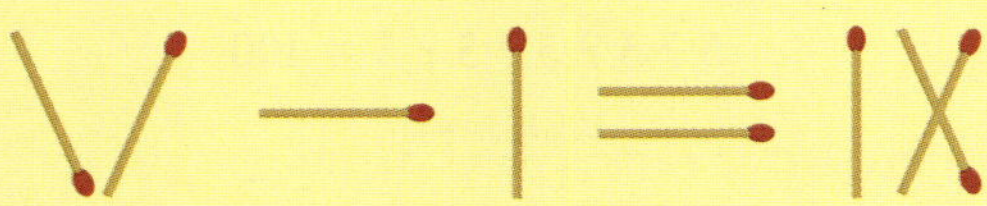

26

UN PEU DE MATHS POUR LE PLAISIR

★★☆☆☆

Par quelles opérations mathématiques élémentaires (+, -, x ou /), faut-il remplacer les points d'interrogation pour que l'équation suivante soit juste ?

5 ? 5 ? 5 ? 5 ? 5 = 100

Solution p.307

27

NE FAITES PAS CONFIANCE AUX SYMBOLES MATHÈMATIQUES DE CE LIVRE

★★☆☆☆

Si, 14 = 5.
Et, 57 = 12.
Mais aussi, 78 = 15.

ALORS, COMBIEN VAUT 96 ?

Solution p.307

28

INTRODUCTION À LA CULTURE DES CUCURBITACEAE (ET AUX POURCENTAGES)

★★☆☆☆

Une courgette d'un kilo est constituée à 99 % d'eau et à 1 % de fibre.
Après avoir été oublié 1 semaine dans la cuisine,
elle n'est plus composée qu'à 98 % d'eau.

QUEL EST LE POIDS DE LA COURGETTE ?

Solution p.307

29

ALLUMETTES JUNIOR (4)

★★★

COMMENT FORMER 4 TRIANGLES ÉQUILATÉRAUX AYANT POUR LONGUEUR DE CÔTÉ LA LONGUEUR D'UNE ALLUMETTE, AVEC 4 ALLUMETTES ?

Indice p.282

Solution p.308

30

ALLUMETTES JUNIOR (5)

★★★☆☆

COMMENT FORMER 8 TRIANGLES ÉQUILATÉRAUX
AVEC 6 ALLUMETTES ?

Indice p.282

Solution p.308

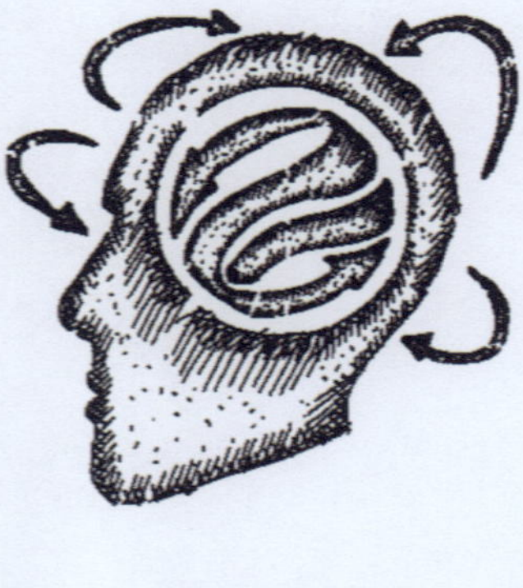

31

IL VA FALLOIR VOUS MOUILLER ! (3)

★★★☆☆

COMMENT OBTENIR 6 L D'EAU AVEC UN SEAU DE 12 L PLEIN ET DEUX AUTRES VIDES DE 8 L ET 5 L ?

Indice p.282

Solution p.308

32

BAMBOU À CROISSANCE RAPIDE

★★★☆☆

Un bambou d'1 mètre de haut grandit de la moitié de sa taille le 1er jour, puis du tiers de sa taille le 2e jour, puis du quart de sa taille le 4e jour et ainsi de suite.

QUELLE TAILLE FERA-T-IL LE 18E JOUR ?

Indice p.282

Solution p.309

33

RESPECTEZ BIEN LA POSOLOGIE INDIQUÉE

★★★

Vous êtes aveugles et devez prendre vos médicaments. Vous devez prendre quotidiennement un cachet noir et un cachet blanc. Mais voilà, vous avez malencontreusement mélangé vos cachets d'aujourd'hui avec ceux de demain... Vous avez devant vous 2 cachets noirs et 2 cachets blancs. Si vous avalez 2 cachets de la même couleur, vous mourrez. Si vous ne prenez pas vos cachets, vous mourrez.

QUE FAIRE ?

Indice p.282

Solution p.309

34

PARTAGE DU DÉJEUNER

★★★☆☆

Trois amis, Joseph, Arthur et Sacha se retrouvent pour le déjeuner. Joseph a 5 petits sandwichs, Arthur en a 3 et Sacha n'en a pas mais il a de l'argent qu'il est prêt à offrir à ses amis en échange du repas. Les sandwichs sont équitablement partagés et avalés. À la fin du repas, Sacha donne 8 € à Joseph et Arthur. Arthur prend 3 € et en laisse 5 € à Joseph, mais Joseph n'est pas satisfait.

POURQUOI ?

Indice p.283

Solution p.309

35

VIEILLISSEMENT PRÉMATURÉ

★★★★★

Comment est-ce possible ?

**AVANT-HIER, CHARLIE AVAIT 15 ANS ;
L'ANNÉE PROCHAINE, IL AURA 18 ANS.**

Indice p.283

Solution p.310

36

INTRODUCTION À LA LOGIQUE

★★★☆☆

Arthur, Joseph et Sacha portent chacun un pull et un short.
Aucun ne porte son pull ni son short.
Celui qui porte le pull d'Arthur porte le short de Joseph.

QUI PORTE LE PULL DE SACHA ?

Indice p.283

Solution p.310

37

BRAS DE FER DE NEURONES

★★★

Lors d'un concours annuel de bras de fer,
191 concurrents vont s'affronter.
La règle du concours est très simple :
chaque concurrent en affronte un autre en duel,
et le perdant est éliminé.
Le dernier à ne pas être éliminé est déclaré vainqueur.

COMBIEN FAUT-IL JOUER DE DUELS AU TOTAL ?

Indice p.283
Solution p.310

38

CÔTES DE PORC À LA MOUTARDE

★★★☆☆

Line a invité deux amies à dîner et elle souhaite leur cuisiner des côtes de porc au barbecue. Seulement, la grille de son barbecue ne peut contenir que 2 côtes de porc à la fois.

SACHANT QU'IL FAUT FAIRE CUIRE CHAQUE FACE DE CHAQUE CÔTE DE PORC 10 MINUTES DE CHAQUE CÔTÉ, QUELLE EST LA DURÉE MINIMALE QU'IL FAUDRA À LINE POUR CUIRE SES 3 PIÈCES DE VIANDE ?

Indice p.283

Solution p.310

39

COLLECTION DE CAILLOUX

★★★☆☆

Joan et Louise ont chacune un certain nombre de cailloux. Si Joan en donne un à Louise, alors Louise en aura deux fois plus que Joan. Mais si c'est Louise qui en donne un à Joan, alors elles auront chacune autant de cailloux.

COMBIEN JOAN ET LOUISE ONT-ELLES DE CAILLOUX ?

Indice p.284

Solution p.310

40

GRIMPER DE CORDE

★★★

Un jeune homme doit monter à une corde de 10 mètres. Seulement, à chaque fois qu'il monte de 3 mètres, il est épuisé et redescend de 2 mètres avant de retrouver l'énergie pour remonter de 3 mètres et ainsi de suite. Il lui faut 1 minute pour monter de 3 mètres et 1 minute pour se reposer, minute durant laquelle il redescend de 2 mètres.

AU BOUT DE COMBIEN DE TEMPS CET HOMME ATTEINDRA-T-IL LA CLOCHE PLACÉE AU SOMMET DE LA CORDE ?

Indice p.284

Solution p.311

41

ÉNIGME EN DEUX TEMPS

★★★

Choisissez un nombre entre 2 et 10.
Multipliez ce nombre par 9.

Vous obtenez un nombre à deux chiffres.

Additionnez ces deux chiffres ensemble.
Soustrayez 5 au nombre que vous avez obtenu.

Transformez ce nombre en lettre en vous appuyant sur la règle suivante :
A = 1, B = 2, C = 3, D = 4, E = 5 ...

Choisissez un pays d'Europe qui commence par la lettre obtenue.

Choisissez enfin un fruit qui commence par la dernière lettre
du pays que vous avez choisi.

ALLEZ CONSULTER L'INDICE.

Indice p.284
Solution p.311

42

TANT VA LA CRUCHE À L'EAU

★★★☆☆

Vous devez aller arroser une fleur. Pour cela, vous partez de la cabane où se trouve l'arrosoir et vous devez aller remplir l'arrosoir dans un ruisseau avant de vous rendre jusqu'à la fleur à arroser.

COMMENT POUVEZ-VOUS OPTIMISER VOTRE TRAJET ?

Indice p.284

Solution p.312

43

POUR FUTURS ÉPICIERS

★★★★☆

Marylou possède une balance à plateaux,
un poids de 50 g et 1 kg de farine.

COMMENT PEUT-ELLE MESURER, EN 3 PESÉES, UN POIDS DE 650 G DE FARINE ?

Indice p.284

Solution p.312

44

CECI EST UNE HISTOIRE VRAIE

★★★★

Trois amis, Bruno, Pierre et François discutent
du nombre de pieds de tomates de Jean François.

Bruno indique : « Je suis certain qu'il en a au minimum 30 ! »
Pierre déclare : « Certainement pas ! Il en a strictement moins de 30 ! »

Et François conclut :
« Ce qui est sûr et certain, c'est qu'il en a au moins un ! »

**UNE SEULE DE CES AFFIRMATIONS EST VRAIE.
COMBIEN DE PIEDS DE TOMATES JEAN-FRANÇOIS POSSÈDE-T-IL ?**

Indice p.285

Solution p.313

45

VER DES VERS

★★★★

Les 3 tomes d'un célèbre poète sont rangés dans l'ordre côte à côte dans une bibliothèque. Chaque tome comporte 200 pages.

Chaque feuille des 3 tomes a une épaisseur de 0,05 mm et le carton utilisé pour les couvertures a une épaisseur de 1 mm.

Un ver, amateur de vers, de papier et de carton s'est retrouvé coincé à la première page du premier tome et a commencé à dévorer les livres en se creusant un tunnel en ligne droite.

Il est désormais arrivé à la dernière page du troisième tome.

QUELLE DISTANCE LE VER A T-IL PARCOURU DEPUIS QU'IL A COMMENCÉ À GRIGNOTER LES LIVRES ?

Indice p.285

Solution p.313

46

LA VALEUR DES OISEAUX

★★★★★

SI HIBOU VAUT 8, SI ALBATROS VAUT 1, SI GOËLAND VAUT 7 ET SI CORMORAN VAUT 3, ALORS COMBIEN VAUT DINDON ?

Indice p.285

Solution p.313

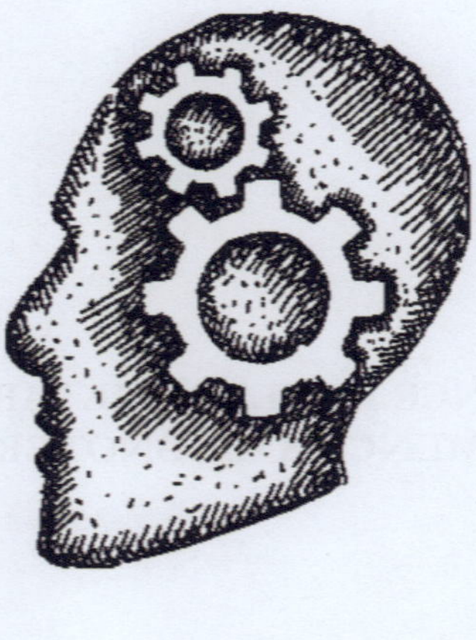

DEVINETTES

Des énigmes simples, souvent littéraires.

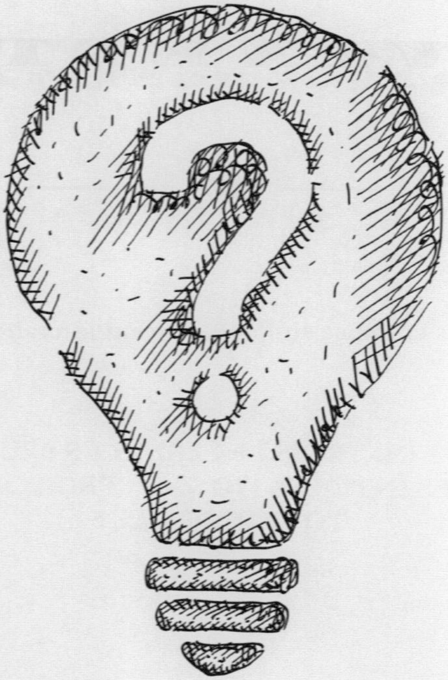

NIVEAUX RENCONTRÉS

★☆☆☆☆

★★☆☆☆

★★★☆☆

★★★★☆

47

PROBLÈME POUR ORTHOPHONISTES

★ ★ ★ ★ ★

QUEL MOT DE TROIS LETTRES LES PLUS GRANDS LINGUISTES INTERNATIONAUX PRONONCENT-ILS TOUJOURS MAL ?

Solution p.314

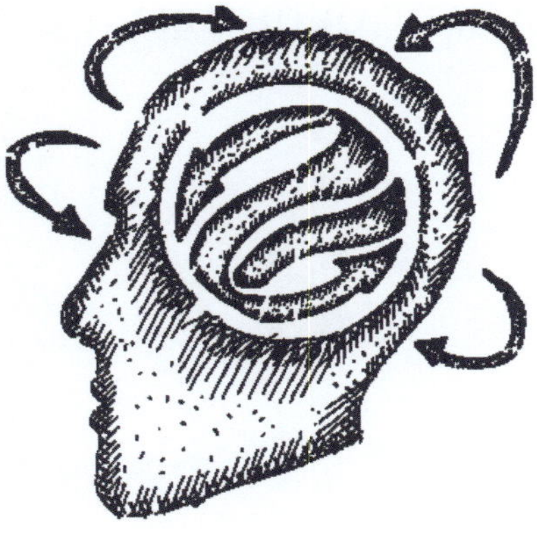

48

CE N'EST PAS LA TAILLE QUI COMPTE

★☆☆☆☆

Arnold Schwarzenegger en a un long, Omar Sy en a un court,
Madonna n'en a pas, et le pape n'utilise plus le sien...

MAIS DE QUOI PARLE-T-ON ?

Solution p.314

49

ILS SONT PARFOIS PLUSIEURS

★

Je reste dans mon coin mais je parcours le monde malgré tout.

QUI SUIS-JE ?

Solution p.314

50

EUH…

★☆☆☆☆

Je commence par « e » et finis par « e ».
Je ne contiens qu'une lettre mais je ne suis pas la lettre « e ».

QUI SUIS-JE ?

Solution p.314

51

C'EST LE MONDE À L'ENVERS !

★☆☆☆☆

Un professeur d'école pose le problème suivant à ses élèves :
chez moi, l'accouchement vient avant la grossesse,
l'adolescence avant l'enfance, le futur avant le passé,
le dimanche avant le samedi et la mort avant la vie.

DE QUOI PARLE CE PROFESSEUR ?

Solution p.314

52

LE GÉNÉRAL DE GAULLE ?

★☆☆☆☆

Je suis le chef de 25 soldats, et sans moi Paris serait pris.

QUI SUIS-JE ?

Solution p.315

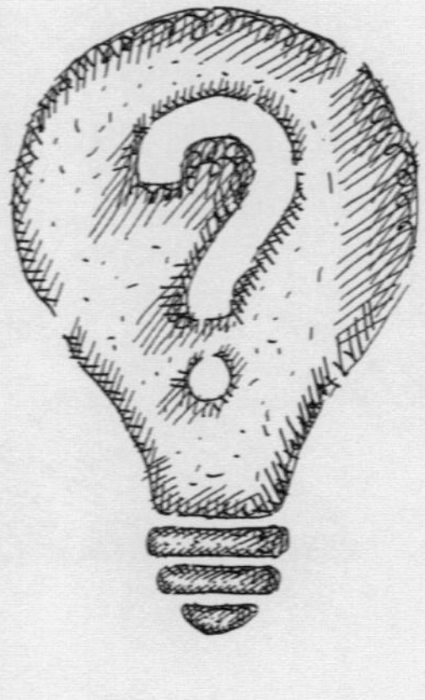

53

COURONNE SANS ROI

★

J'habite dans un palais.
Je porte une couronne
mais je ne suis ni roi ni reine.

QUI SUIS-JE ?

Solution p.315

54

INTEMPOREL

★☆☆☆☆

On me trouve au début de la nuit et à la fin du matin.
On ne me voit que deux fois dans l'année :
ni en hiver, ni en été, mais au milieu du printemps
et vers la fin de l'automne.

QUI SUIS-JE ?

Solution p.315

55

CE N'EST PAS VOTRE SONNETTE

★

Il vous appartient mais les autres l'utilisent plus que vous.

QU'EST-CE QUE C'EST ?

Solution p.315

56

PROBLÈME POUR DALTONIENS

★☆☆☆☆

Je peux être rouge ou noire, je reste tout de même bleue.

QUI SUIS-JE ?

Solution p.315

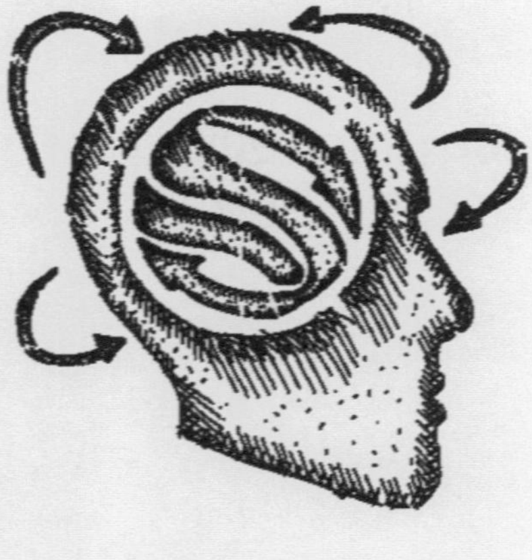

57

LE SOT, LE SAGE ET L'ORACLE

★

Le sot en achète trop. Le sage n'en achète pas.
L'oracle n'en achète qu'un seul.

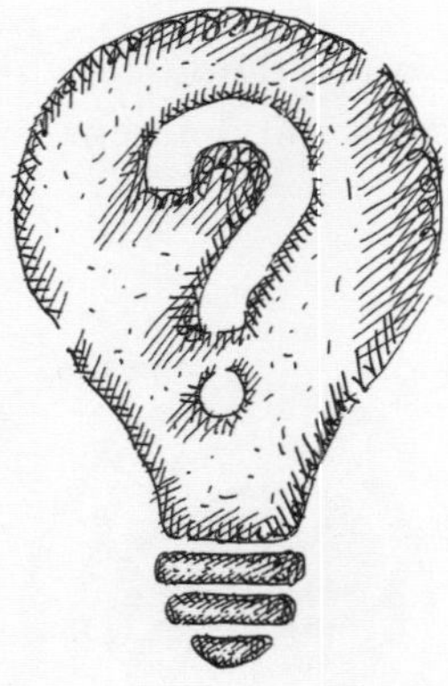

DE QUOI S'AGIT-IL ?

Solution p.315

58

NOMBREUSES FAMILLES

★★★★★

Trois hommes ont chacun deux fils.

Ils se rendent tous ensemble dans un bar
pour regarder un match de rugby.

Il ne reste que 7 tabourets au comptoir
pourtant tous parviennent à s'asseoir.

COMMENT EST-CE POSSIBLE ?

Solution p.316

59

JE T'AIME MOI NON PLUS

★☆☆☆☆

**Lorsqu'on a besoin de moi, on me jette,
et lorsque je deviens inutile, on me reprend.**

QUI-SUIS-JE ?

Solution p.316

60

BIJOU EN CAILLOU

★☆☆☆☆

J'ai 6 pattes et pourtant je marche sur la tête.

QUI-SUIS-JE ?

Solution p.316

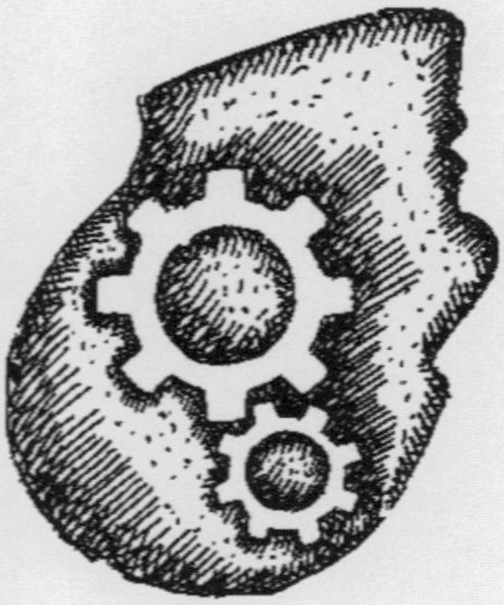

61

ET SI VOUS DOUBLEZ LE DERNIER ?

★

Je suis le premier sur la ligne d'arrivée,
pourtant je n'ai pas remporté la course.

À QUELLE POSITION AI-JE TERMINÉ ?

Solution p.316

62

OÙ COMMENCE L'INFINI ?

★☆☆☆☆

L'éternité n'a ni début ni fin mais si vous me cherchez bien,
vous me trouverez au début de l'éternité et à sa fin.

QUI-SUIS-JE ?

Solution p.316

63

MATUSALEM

★★★★★

Pouvez-vous écrire un seul mot avec les lettres suivantes ?

NOTULUSEM

Solution p.316

64

C'EST LA SEMAINE À L'ENVERS !

★

QU'EST-CE QUI COMMENCE LE DIMANCHE ET TERMINE LE SAMEDI ?

Solution p.317

65

SUISSE RUSSE

★

Deux Suisses ont un frère. Quand ce frère meurt,
les deux Suisses n'ont plus de frère.

COMMENT EST-CE POSSIBLE ?

Solution p.317

66

ALLUMETTES (3)

★★☆☆☆

COMMENT TRANSFORMER 10 ALLUMETTES EN UNE ?

Solution p.317

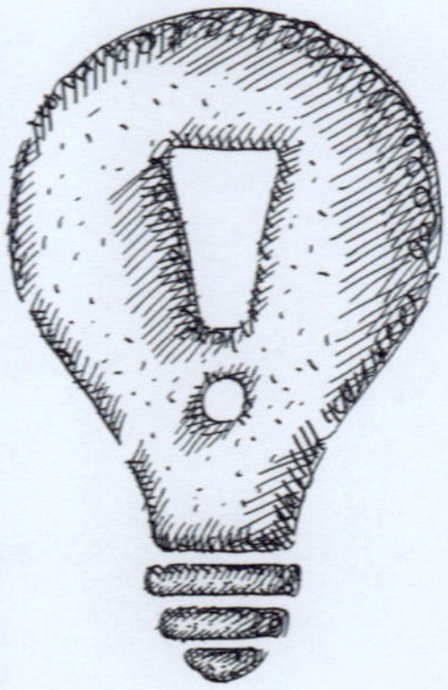

67

PROBLÈME POUR INGÉNIEUR

★★☆☆☆

POURQUOI LES PLAQUES D'ÉGOUT SONT-ELLES RONDES ?

Solution p.317

68

PROBLÈME POUR BIJOUTIER

★★

Vous venez d'acquérir 8 bracelets en argent et vous souhaitez confectionner un collier avec ceux-ci. Chaque bracelet comporte 7 maillons. Le bijoutier que vous sollicitez vous annonce son prix : 10 € pour chaque maillon qu'il devra ouvrir, puis refermer.

Vous acceptez. Le lendemain, vous venez récupérer votre collier et le bijoutier vous demande 80 €.

Vous criez au scandale.

POURQUOI ?

Solution p.317

69

COMME LE NEZ AU MILIEU DE LA FIGURE

★★

Elles se séparent pour un oui ou pour un non.

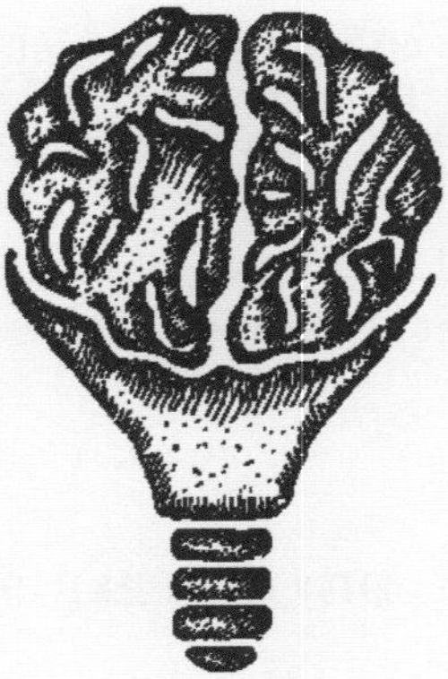

QUI SONT-ELLES ?

Solution p.318

70

LA RÉPONSE N'EXISTE PAS

★★☆☆☆

Plus grand que Dieu.
Plus méchant que le Diable.
Les pauvres en ont.
Les riches n'en ont pas besoin.
Si tu en manges, tu meurs.

DE QUI OU DE QUOI PARLE-T-ON ?

Solution p.318

71

BOUH !!

POUVEZ-VOUS DÉCHIFFRER LE CODE CI-DESSOUS ?

$$\frac{\text{un}}{\text{saut}} \quad \frac{\text{vent}}{\text{vient}} \quad \frac{\text{d'une}}{\text{prise}}$$

Solution p.318

72

LA FRANCE AUX FRANÇAIS !

★★☆☆☆

Je suis indispensable aux commerçants mais inutile au commerce.

QUI SUIS-JE ?

Solution p.318

73

J'EN CONNAIS PLUSIEURS QUI NE PICOLENT PAS !

★★

L'ASPIRINE EST AU PARISIEN CE QUE LA PICOLE EST À LA … ?

Solution p.318

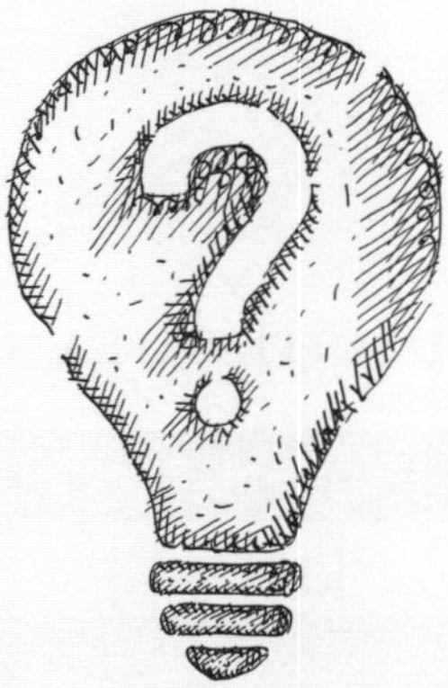

74

BUS À IMPÈRIALE

★★★★★

Si je vous dis que ce bus est anglais,
pouvez-vous me dire dans quel sens il roule ?

VERS LA DROITE OU LA GAUCHE ?

Solution p.319

75

NOUS VOUS SOUHAITONS D'ENGAGER CE JEU

★★☆☆☆

Finissez cette phrase : « Engage le jeu que je le ? »

Solution p.319

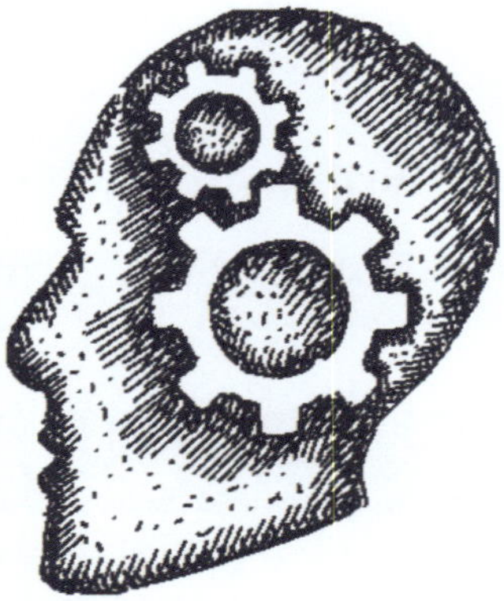

76

PROMENADE À RISQUE

★★☆☆☆

16 se promène dans la forêt.
Pendant sa promenade, il fait une chute et devient 4.

POURQUOI ?

Solution p.319

77

LA MARIÉE IRA MAL

★★

TERMINEZ CETTE PHRASE : « ESOPE RESTE ICI ET SE ... »

Solution p.319

78

LA RÉPONSE N'EST PAS UNE MAISON

★★★☆☆

UN CHIEN EST À UNE NICHE, CE QUE PASCAL OBISPO EST À ?

Indice p.286

Solution p.319

79

LE JUSTE PRIX

★★★☆☆

Lucien se rend chez un commerçant pour réaliser un achat et ils ont ensemble cet échange :
« Combien coûte 2 ?
- 1 €.
- Et 42 ?
- 2 €.
- J'imagine que 742 coûte 3 € ?
- C'est exact. »

QUEL EST L'ACHAT QUE LUCIEN EST EN TRAIN DE RÉALISER ?

Indice p.286

Solution p.320

80

AH... LE MARIAGE !

★★★★

Tout allait bien pour robert trebor.

Il obtint son BAC avec mention puis intégra une grande école de commerce. Son travail le comblait. Il rencontra une femme charmante, andin basnoda, qu'il épousa après plusieurs années de vie commune.

Seulement voilà, depuis leur mariage, andin basnoda dégage une très forte odeur corporelle.

POURQUOI ROBERT TREBOR AURAIT-IL PU S'EN DOUTER ?

Indice p.286

Solution p.320

ENQUÊTES

Des énigmes dans lesquelles un joueur prend le rôle de maître du jeu, lit la solution et répond par « oui », « non » ou « ça n'a pas d'importance » aux autres joueurs qui mènent l'enquête.

81

4 ROIS EMPRISONNÉS

Munissez-vous d'un jeu de cartes français et placez les 4 rois face visible sur la table. Formez une cellule de prison autour des rois avec des cartes retournées. Racontez alors cette histoire à vos interlocuteurs, en mimant l'ouverture des portes, etc :

4 rois sont enfermés dans une cellule.

Pendant la nuit le valet de trèfle réveille son roi et lui donne la clé de la cellule.

Celui-ci s'échappe en refermant la porte derrière lui mais en donnant la clé au roi de pique.

Le roi de pique fait de même avec le roi de cœur, puis le roi de cœur avec le roi de carreau. Le roi de carreau, lui, ne s'évade pas.

POURQUOI ?

Solution p.320

82

HISTOIRES DE FAMILLE

Papa est en prison, maman lui rend visite,
leur fille pleure devant l'hôtel alors que leur fils se réjouit.

DANS QUELLE SITUATION SE TROUVE CETTE FAMILLE ?

Solution p.320

83

DRAME SHAKESPEARIEN

Roméo et Juliette sont retrouvés morts dans une pièce.
La pièce est vide mis à part une table, une flaque d'eau et du verre brisé.

MAIS QU'A-T-IL BIEN PU ARRIVER À ROMÉO ET JULIETTE ?

Solution p.321

84

UNE PROMENADE QUI TOURNE MAL

Un homme est retrouvé mort dans le désert avec un brin de paille dans sa main. Il est nu et il n'y a aucune trace de pas autour de lui.

MAIS QU'A-T-IL BIEN PU LUI ARRIVER ?

Solution p.321

85

QUESTION POUR PSYCHOPATHE

Un jeune homme se rend à l'enterrement de sa mère.

Lors de la cérémonie, il tombe fou amoureux d'une jeune femme qu'il n'avait jamais rencontré auparavant. Malheureusement, une fois la cérémonie terminée, la jeune femme disparaît.

De retour dans sa famille le soir, il assassine son père.

MAIS DANS QUEL BUT A-T-IL BIEN PU FAIRE CELA ?

Solution p.321

86

PERMAFROST

Des spécialistes retrouvent deux corps morts parfaitement congelés dans la glace.

En observant un détail, ils sont persuadés d'être en présence d'Adam et Ève.

QUEL EST CE DÉTAIL ?

Solution p.322

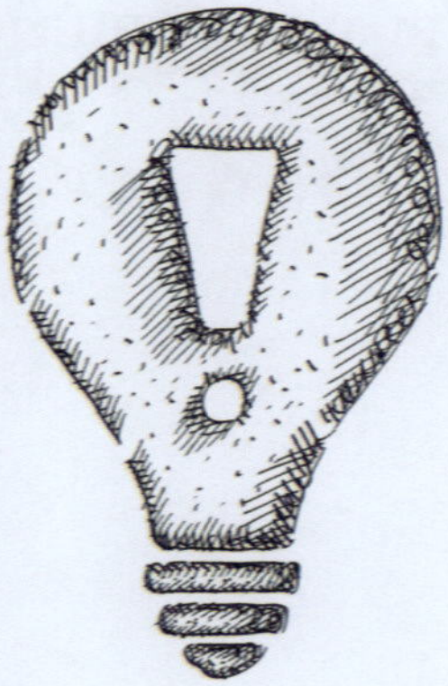

87

ÇA TOUCHE, ÇA TOUCHE PAS

Laissez les participants proposer des mots. Le maître du jeu, en se fiant à la solution de cette enquête, leur annonce alors si les mots proposés « touche » ou « ne touche pas ». Le maître du jeu pourra notamment commencer en annonçant : « ça touche » ne touche pas mais « ça ne touche pas » touche !

Solution p.322

88

AVIS DE RECHERCHE

« LA POLICE A RETROUVÉ UN MONSIEUR MORT ».
Il était porté disparu depuis plusieurs mois. La police appelle la femme du monsieur en question et lui apprend la nouvelle. Dès que la femme l'apprend, elle pousse un cri de joie.

POURQUOI ?

Solution p.322

89

PROBLÈME DE RICHE

La police maritime retrouve un yacht au milieu de l'océan.
12 corps flottent autour du navire.

QUE S'EST-IL PASSÉ ?

Solution p.322

90

ET POURQUOI PAS UN VERRE DE LAIT ?

Un homme entre dans un bar et demande un verre d'eau. Le barman, au lieu de lui apporter son verre, prend un pistolet et vise l'homme. L'homme qui a demandé le verre remercie alors le barman et quitte le bar.

QUE S'EST-IL PASSÉ ?

Solution p.322

91

DIVORCE À L'AMIABLE

Albert et Liliane sont mariés depuis 25 ans.
Ils sont très amoureux l'un de l'autre. Un jour, Albert annonce à Liliane qu'il a demandé le divorce. Liliane est folle de joie.

POUR QUELLE RAISON ?

Solution p.323

92

LE LIÈVRE ET LA TORTUE

Sacha est aux commandes de son avion.
Il suit une voiture et un camion pompier mais
il ne parvient pas à les dépasser.

POURQUOI ?

Solution p.323

93

RÉGICIDE AU FÉMININ

En Suède, par une froide journée d'hiver, alors qu'un vent glacial fait onduler une forêt de bouleaux, le fils du roi, assis au coin du feu observe un cheval blanc sauter par-dessus une tour sombre et tomber sur la reine qui disparaît. Pourtant, le prince ne semble pas particulièrement préoccupé.

QUE S'EST-IL PASSÉ ?

Solution p.323

94

ET AVEC DES SMARTPHONES ?!

Un homme se jette de la fenêtre de son immeuble pour se suicider. Au moment où il saute dans le vide, il entend un téléphone sonner et regrette alors fortement son geste.

POURQUOI ?

Solution p.323

95

LOCH NESS

En Écosse, la police découvre les corps déchiquetés d'un pêcheur et de son chien sur un lac gelé. La voiture de l'homme est garée à une centaine de mètres de là. Sur le lac, seules leurs traces de pas apparaissent.

QUE LEUR EST-IL ARRIVÉ ?

Solution p.323

96

ASCENSEUR INFERNAL

Tous les matins, un enfant de 12 ans habitant au 20e étage prend l'ascenseur, du 20e jusqu'au rez-de-chaussée, pour aller à l'école.

Tous les soirs quand il revient, il prend l'ascenseur jusqu'au 15e étage et monte les escaliers jusqu'au 20e étage, sauf les jours de pluie durant lesquels il prend l'ascenseur jusqu'en haut.

TROUVEZ UNE BONNE EXPLICATION À CETTE SITUATION.

Solution p.324

97

JE VOIS... JE VOIS... DES PROBLÈMES...

Un gardien de nuit, travaillant dans un aéroport, dit un matin à son patron de ne pas prendre l'avion car il a vu dans un rêve qu'il allait s'écraser. Le patron l'écoute et ne prend pas l'avion. Par la suite, il apprend que l'avion s'est bien écrasé. Le patron convoque alors le gardien de nuit dans son bureau et le congédie.

POURQUOI ?

Solution p.324

98

PLUS FORT QUE COLOMBO

Un sosie de Johnny Hallyday a commis un crime.
Le seul détail dont se souviennent les témoins est que le criminel avait un très fort accent anglais. Vous vous rendez à une convention des sosies de Johnny Hallyday et observez la sortie d'une centaine d'entre eux.
Ceux-ci traversent la route et se rendent au restaurant.
Vous identifiez tout de suite le criminel et l'arrêtez.

COMMENT AVEZ-VOUS FAIT ?

Solution p.324

99

LA PÉTANQUE, C'EST LA VIE

Un pont supporte 82 kg. Un bouliste arrive avec ses trois boules.
Il pèse 80 kg et chacune de ses boules pèsent 1 kg.
Le bouliste passe le pont sans problème.

COMMENT A-T-IL FAIT ?

Solution p.324

100

SUICIDE OU NON ?

Les policiers, avertis par le bruit d'une détonation, débarquent dans une pièce où se trouve le corps mort d'un homme, un pistolet dans sa main. Il n'y a aucun témoin. Les policiers trouvent sur place un vieux magnétophone à cassette. Ils appuient sur play et entendent alors la voix de l'homme qui avoue son suicide, puis la détonation, puis l'enregistrement s'arrête.

Les policiers sont néanmoins persuadés qu'il s'agit d'un meurtre.

POURQUOI ?

Solution p.324

101

INSOMNIE ET DÉPRESSION

Un homme déprimé vit seul dans une tour. Souffrant de troubles du sommeil, il prend un somnifère en allant se coucher et, une fois n'est pas coutume, il éteint toutes les lumières. Au matin, la police l'interpelle et le tient pour responsable de la mort de 11 personnes.

POURQUOI ?

Solution p.325

102

INSOMNIE SANS DÉPRESSION

Une femme ne parvient pas à dormir depuis plusieurs heures. Elle passe alors un coup de téléphone à son voisin et raccroche dès que celui-ci décroche. Elle parvient alors à s'endormir.

POURQUOI ?

Solution p.325

103

LE SHOPPING, CE DANGER MÈCONNU

Une femme part faire du shopping et s'achète une paire de chaussures à talons rouge vif. Elle meurt le soir-même avec ses chaussures au pied, blessée par un couteau.

POURQUOI ?

Solution p.325

104

FATAL PUNCH

À la fin d'un événement professionnel, vous participez à un cocktail durant lequel du punch frais est servi. Malheureusement, une urgence vous contraint à quitter le cocktail, vous buvez votre verre d'une traite, et partez. Le lendemain, vous apprenez que tous les participants du cocktail sont morts empoisonnés, sauf vous.

POURQUOI ?

Solution p.325

105

CHACUN LE SIEN

Sur une table se trouvent 4 objets appartenant à 4 personnes.
Chacun prend le sien. Il en reste néanmoins 3 sur la table.

POURQUOI ?

Solution p.325

106

HIGHLANDER

Un homme fut décapité et un autre eu la tête tranchée.
Pourtant un seul homme est mort.

POURQUOI ?

Solution p.325

107

MEURTRE AU SAUNA

4 milliardaires ont pour habitude de se retrouver au sauna. Leurs gardes du corps les attendent devant la pièce, au frais. Monsieur A. amène toujours un magazine avec lui, Monsieur B. un thermos d'eau fraiche, Monsieur C. une bouteille d'Evian® et Monsieur D. un journal. Une coupure de courant a lieu et quand la lumière revient, Monsieur D. est mort d'un coup de couteau mais l'arme du crime est introuvable.

Les gardes du corps fouillent les lieux et finissent par arrêter Monsieur B.

POURQUOI ?

Solution p.326

108

SUPERMAN ?

Monsieur Kent pense au suicide en regardant à travers la fenêtre sale du 57e étage. Noyé dans sa mélancolie, il ouvre la fenêtre et saute. Rien n'amortit sa chute, mais Monsieur Kent s'en sort indemne.

POURQUOI ?

Solution p.326

109

CHARLIE À LA COMIC CON

Charlie est un grand fan de Science-Fiction.
Cette année, il réalise son rêve et se rend à la Comic Con en Californie.

Une fois arrivé, il entre dans une petite pièce puis ressort par la même porte après quelques instants, mais dans un autre lieu.

COMMENT EXPLIQUER CETTE SITUATION ?

Solution p.326

ASTUCIOSITÉS

Des énigmes pour lesquelles il vous faudra faire preuve d'ingéniosité et d'astuce !

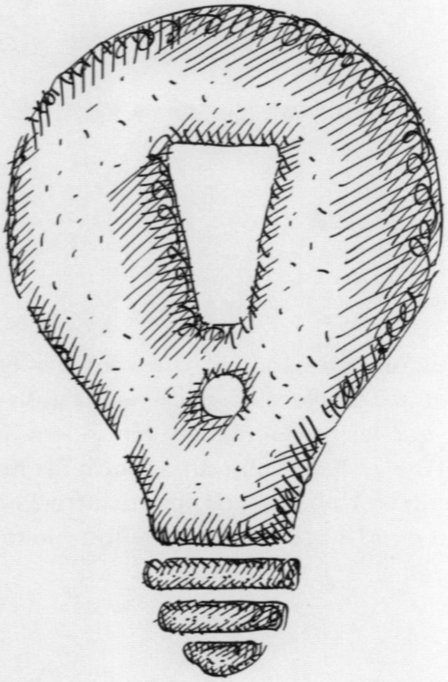

NIVEAUX RENCONTRÉS

★☆☆☆☆

★★☆☆☆

★★★☆☆

★★★★☆

110

MOT DE PASSE

★

Vous avez une fille, Joanne, qui adore les énigmes.
Joanne vient de mettre en place un code pour entrer dans sa chambre et ne laisse passer que les personnes qui répondent juste à sa question.
Votre fils arrive et Joanne lui dit 3. Votre fils lui répond 5.
Joanne le laisse entrer. Une amie de Joanne arrive et Joanne lui dit 8.
Son amie lui répond 4 et entre. À votre tour, Joanne vous dit 4.

QUE DEVEZ-VOUS LUI RÉPONDRE ?

Solution p.327

111

DES CHIFFRES ET DES LETTRES

★☆☆☆☆

PAR QUELS CHIFFRES, ÉCRITS EN TOUTES LETTRES, FAUT-IL COMPLÉTER CES PHRASES ?

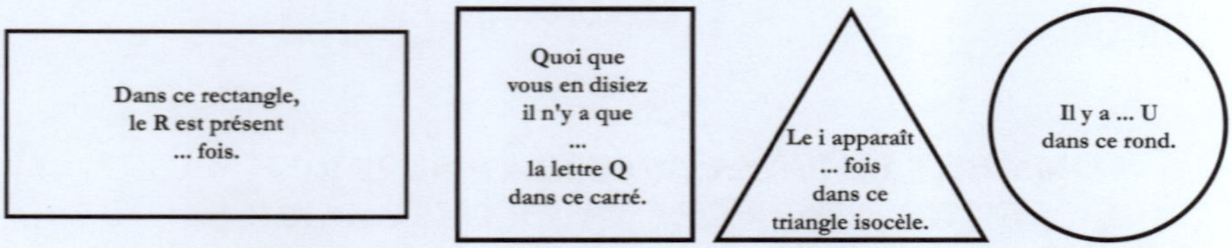

Solution p.327

112

PROBLÈME DE PAYSAGISTE

★★★★★

Dans un petit village, quatre arbres sont positionnés dans les angles de la place centrale qui est carrée.

Le nouveau maire de ce village, fraîchement élu, souhaite doubler la taille de la place tout en conservant les 4 arbres sur son pourtour et en conservant également sa forme carrée.

COMMENT LE PAYSAGISTE RETENU PAR LE MAIRE PEUT-IL TENIR CE CAHIER DES CHARGES ?

Solution p.328

113

PROBLÈME PRATIQUE

★☆☆☆☆

Évelyne a un congélateur défaillant qui, de temps en temps, se coupe, puis se remet en route au bout d'une durée indéterminée.

Elle est sur le point de partir en vacances pendant un mois mais elle a peur qu'à son retour, ses denrées aient été décongelées, puis recongelées ce qui est très mauvais pour la santé.

Heureusement, Évelyne a utilisé une bouteille en plastique et, à son retour de vacances, elle se rend compte que son congélateur lui a joué des tours et elle jette donc ses denrées.

COMMENT LE SAIT-ELLE ?

Solution p.328

114

UN PETIT CÔTÉ PRATIQUE BIEN PRATIQUE

★

COMMENT DÉTERMINER SI UN MUG
EST PLUS OU MOINS QU'À MOITIÉ PLEIN ?

Solution p.328

115

LES FICELLES DU TEMPS (1)

★★★★★

Vous possédez un briquet et une ficelle d'1 mètre dont vous savez qu'elle brûle en 1 heure mais pas de façon uniforme.

Seulement voilà, vous avez besoin de mesurer 30 minutes.

COMMENT FAIRE ?

Solution p.329

116

ENCORE UNE SURPRENANTE OPÉRATION MATHÈMATIQUE

★★★★★

COMMENT POUVEZ-VOUS EXPLIQUER QUE DEUX MILLE TRENTE-SIX DIVISÉ PAR QUATRE PUISSE ÊTRE ÉGAL À DIX ?

Solution p.329

117

FACTEURS VOLEURS !

★★☆☆☆

Pierre souhaite envoyer un cadeau par courrier à Julie.

Seulement, tous les facteurs sont des voleurs :
ils volent tout ce qu'ils peuvent, même des cadenas
s'ils ne sont pas fermés !

Ils doivent donc impérativement enfermer le contenu
de leurs échanges dans des coffres munis de cadenas.

Pierre possède un coffre avec un cadenas et une unique clé
et Julie possède également un cadenas et une unique clé.

COMMENT PIERRE PEUT-IL S'Y PRENDRE POUR FAIRE PARVENIR SON CADEAU À JULIE ?

Solution p.329

118

TONTON FARCEUR

★★

Au décès de votre grand-oncle, vous découvrez que celui-ci a décidé de vous léguer 7 lingots d'or. Seulement, il a accompagné ses lingots de l'énigme suivante : « Ces 7 lingots seront à toi, si tu parviens à placer un nombre impair de ces lingots dans deux coffres, sachant que chaque coffre doit contenir au moins un lingot. ».

COMMENT FAIRE ?

Solution p.329

119

ROMANUS CALCULUS

★★☆☆☆

Soit l'équation suivante écrite en chiffre romain :
XI + I = X

COMMENT FAIRE POUR RENDRE CETTE ÉQUATION CORRECTE SANS LA TOUCHER D'AUCUNE FAÇON ?

Solution p.330

120

JOUER CARTES SUR TABLE

Soit 6 cartes posées sur une table :

4	3	5
8	6	7

COMMENT FAIRE POUR QUE LES SOMMES DES CARTES DE CHAQUE LIGNE SOIENT ÉGALES, AINSI QUE LES SOMMES DE CHACUNE DES COLONNES EN NE TOUCHANT QUE DEUX CARTES ?

Solution p.330

121

ÉNIGME DU PETIT DÉJEUNER

★★★☆☆

Prenez deux bols identiques, remplis à moitié, l'un de café et l'autre de lait.
Prélevez une cuillère de café et versez-la dans le bol de lait.
Prélevez ensuite une cuillère du bol de lait qui contient un peu de café, et versez-la dans le bol de café.

Y'A T-IL PLUS DE LAIT DANS LE BOL DE CAFÉ QUE DE CAFÉ DANS LE BOL DE LAIT ?

Indice p.287

Solution p.330

122

NICHE POUR CHIEN

★★

COMMENT FAIRE ENTRER DIX CHIENS DANS NEUF NICHES SACHANT QU'IL NE PEUT PAS Y AVOIR PLUS D'UN CHIEN PAR NICHE ?

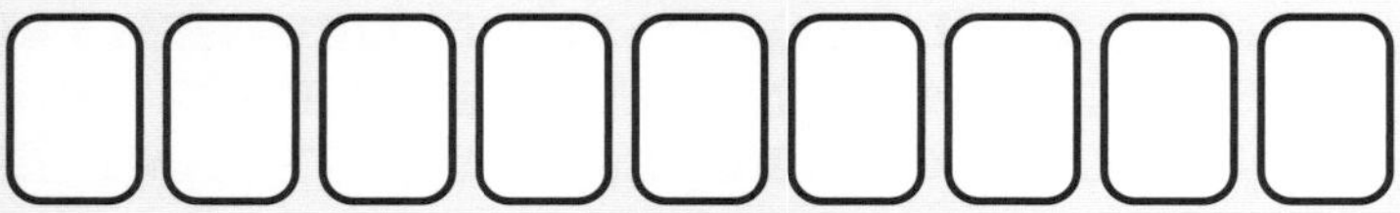

Solution p.331

123

PÉNURIE AU BLOC (1)

★★☆☆☆

Trois chirurgiens doivent opérer tour à tour un même patient mais malheureusement, il ne leur reste plus que deux paires de gants.

SACHANT, DE PLUS, QU'ILS DÉTESTENT METTRE DES GANTS CONTENANT LA TRANSPIRATION D'UN DE LEUR COLLÈGUE, COMMENT VONT-ILS S'Y PRENDRE POUR ÉVITER DE CONTAMINER LE PATIENT OU DE SE CONTAMINER EUX-MÊMES ?

Solution p.331

124

PÉNURIE AU BLOC (2)

★★☆☆☆

Un chirurgien doit opérer 3 patients mais malheureusement,
il ne lui reste plus que deux paires de gants.

**COMMENT VA-T-IL S'Y PRENDRE
POUR NE PAS SE CONTAMINER NI CONTAMINER
SES PATIENTS ?**

Solution p.331

125

CUISSON DU RIZ

★★☆☆☆

Vous devez faire cuire votre riz pendant 15 minutes mais vous ne possédez que deux sabliers, l'un de 7 minutes et le second de 11 minutes.

COMMENT ALLEZ-VOUS FAIRE POUR RÉUSSIR VOTRE RIZ ?

Solution p.332

126

ALLUMER LE PHARE

★★

Vous vous trouvez en haut d'un phare et vous savez qu'au sous-sol du phare se trouvent 3 interrupteurs. Un seul de ces interrupteurs allume le phare.

COMMENT FAIRE POUR DÉTERMINER LE BON INTERRUPTEUR EN NE RÉALISANT QU'UN SEUL ALLER-RETOUR AU SOUS-SOL ?

Solution p.332

127

LES FICELLES DU TEMPS (2)

★★★★★

Vous possédez un briquet et deux ficelles d'1 mètre dont vous savez qu'elles brûlent en 1 heure chacune, mais pas forcément de façon uniforme. Seulement voilà, vous avez besoin de mesurer 45 minutes.

COMMENT FAIRE ?

Solution p.332

128

PERDUS DANS LA JUNGLE

★★☆☆☆

Quatre aventuriers doivent traverser un pont en liane qui s'écroulera dans 17 minutes. Anne peut traverser le pont en 1 minute, Basil en 2, Carol en 5 et enfin, Mia en 10 minutes. Le pont ne peut supporter que deux personnes. Il est impossible de traverser sans torche et nos aventuriers n'en ont qu'une.

COMBIEN POURRONT S'EN SORTIR ?

Solution p.333

129

PROBLÈME POUR PRINCES

★★☆☆☆

Un roi, approchant de la mort, réunit ses deux fils et leur annonce :
« celui dont le cheval arrivera dernier à la tour de l'ouest
sera mon successeur ».

Après quelques instants de flottement,
les deux princes se ruent vers les écuries et filent à bride abattue.

POURQUOI ?

Solution p.333

130

PROBLÈME POUR GOURMANDS

★★

Vous devez séparer tous les carrés d'une tablette de chocolat constituée de n x p carrés (n carrés de largeur et p carrés de longueur). Vous ne pouvez couper que le long des arêtes entre les carrés et sans empiler les morceaux.

COMMENT COUPER AU MIEUX LA TABLETTE POUR MINIMISER LE NOMBRE DE COUPES ?

Solution p.333

131

1 + 1 = 3 ? (1)

★★☆☆☆

Si la réponse n'est pas 8 alors combien vaut :

1+1+1

1+1+1

1+1=?

Solution p.334

132

MISE EN QUARANTAINE

★★☆☆☆

X

X X X

X

COMMENT, EN DESSINANT 2 CARRÉS, POUVEZ-VOUS ISOLER CHAQUE CROIX DES AUTRES ?

Solution p.334

133

L'ÎLE AUX CROCODILES

★★

Une île carrée est au centre d'un lac également carré.
La distance minimale entre la berge de l'île et la berge du lac
est de 10 mètres (le long des côtés).

COMMENT POUVEZ-VOUS VOUS RENDRE SUR L'ÎLE DEPUIS LE LAC EN UTILISANT DEUX PLANCHES FAISANT LÉGÈREMENT MOINS DE 10 MÈTRES DE LONG ET SANS VOUS MOUILLER ?

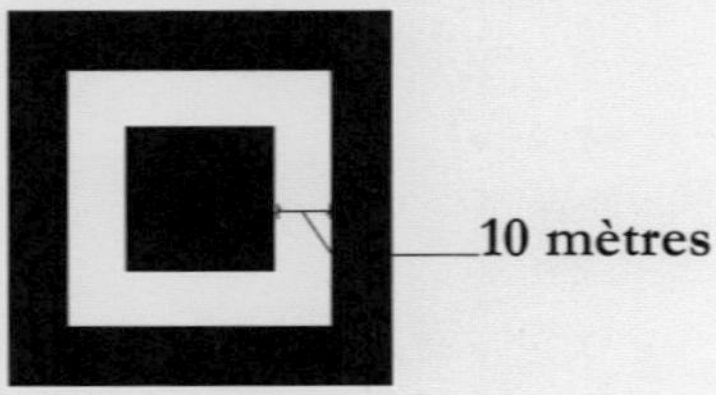

Solution p.334

134

HÉLÈNE EST AGITÉE, ÉNERVÉE, OCCUPÉE

★★

IRLNAHTDQIR

QU'A ACHETÉ HÉLÈNE HIER ?

Solution p.335

135

DÉDICACE À DIDIER DESCHAMPS

★★☆☆☆

Sur un terrain de foot, comment former 5 lignes de 4 joueurs avec 10 joueurs de champs ?

COMMENT FAIRE ?

Solution p.335

136

GÉOMÉTRIE ALGÈBRIQUE

Si  = 1

Et  = 5

ALORS COMBIEN VAUT :  = ?

Solution p.335

137

VOUS VOICI ENTRE MES MAINS

★★☆☆☆

Je vous tiens prisonnier. Fidèle à mon habitude de psychopathe logicien, je vais vous faire participer à un petit jeu : je vous laisse l'opportunité de me dire une phrase. Si celle-ci est juste, je vous coupe le bras droit. Si elle est fausse, je vous coupe le bras gauche.

QUELLE PHRASE VOUS FAUT-IL PRONONCER POUR CONSERVER VOS DEUX BRAS ?

Solution p.335

138

THINK OUT OF THE BOX

★★

COMMENT RELIER 9 POINTS (3 LIGNES DE 3 POINTS) AVEC 4 LIGNES DROITES SANS LEVER LE CRAYON.

X X X

X X X

X X X

Solution p.336

139

CENTRE D'UN SEGMENT

★★★★★

VOUS DEVRIEZ ÊTRE CAPABLE DE TROUVER LE CENTRE D'UN SEGMENT AVEC UN COMPAS ET UNE RÈGLE, MAIS COMMENT FERIEZ-VOUS POUR TROUVER CE MÊME CENTRE AVEC UNE ÉQUERRE SEULEMENT ?

Solution p.336

140

UN POINT C'EST TOUT

★★☆☆☆

OÙ DEVEZ-VOUS PLACER LE POINT SUR LA 4^E FIGURE POUR RESPECTER LA LOGIQUE ?

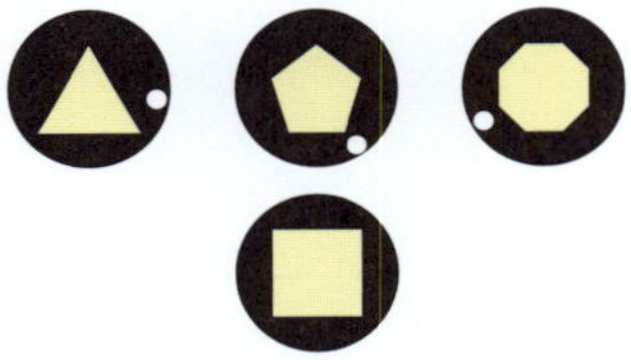

Solution p.337

141

TÉLÉCRAN

★★☆☆☆

Harold possède un champ rectangulaire. Il souhaite y mettre sa chèvre, mais son champ n'est pas délimité et Harold ne veut pas que sa chèvre aille manger l'herbe de ses voisins.

COMMENT ATTACHER SA CHÈVRE POUR QU'ELLE AIT ACCÈS À LA TOTALITÉ DU CHAMPS D'HAROLD SANS POUVOIR SE PROMENER DANS LE CHAMP DES AUTRES ? À NOTER QU'HAROLD NE POSSÈDE QUE DES PIQUETS ET DE LA CORDE.

Solution p.337

142

ROBINSON CRUSOÉ

★★

Un homme est piégé sur une île bordée de falaises.
Le vent souffle d'est en ouest. L'homme est au centre de l'île.
Un feu se déclenche à l'extrémité est de l'île et devrait atteindre le centre de l'île d'ici un jour ou deux.

L'HOMME A-T-IL UNE SOLUTION POUR S'EN SORTIR ?

Solution p.338

143

FAUSSE MONNAIE

★★★☆☆

Vous avez 10 sacs de pièces devant vous.
Un de ces sacs ne contient que des fausses pièces,
les 9 autres ne contiennent que des vraies.
Les vraies pièces pèsent 10 grammes
et les fausses 11 grammes. Il y a entre 13 et 341 pièces par sac.

Vous possédez une balance à affichage digital.

COMBIEN DE PESÉES VOUS FAUT-IL AU MINIMUM POUR DÉTERMINER QUEL SAC CONTIENT LES FAUSSES PIÈCES ?

Indice p.287

Solution p.338

144

FOURMIS SUR UN FIL

★★★☆☆

Un fil d'un mètre de long tient suspendu en l'air, à l'horizontal. Sur ce fil, un certain nombre de fourmis, certaines tournées vers la gauche, d'autres vers la droite. Les fourmis marchent à la vitesse d'1 mètre par heure. Quand une fourmi en rencontre une autre, les deux font demi-tour. Arrivées au bout du fil, les fourmis tombent.

QUAND SEREZ-VOUS CERTAIN QU'IL NE RESTERA PLUS AUCUNE FOURMI SUR LE FIL ?

Indice p.287

Solution p.338

145

SAC DE NŒUDS

★★★☆☆

Si 8809 = 6 ; 7151 = 0 ; 2173 = 0 ; 6665 = 3 ; 6351 = 1 ; 1234 = 0 ; 6789 = 4 ; 4971 = 1 ; 6818 = 5 ; 5030 = 2 ; 3380 = 3.

ALORS, COMBIEN VAUT 2581 = ?

Indice p.287

Solution p.339

146

MOUCHE BOOSTÉE

★★★

Deux trains séparés d'une distance de 400 km partent chacun en direction de l'autre et roulent à une vitesse de 100 km/h. Une mouche part en même temps du premier train et vole à 200 km/h vers l'autre train. En arrivant au second train, elle fait demi-tour et vole vers le premier, toujours à 200 km/h.

COMBIEN LA MOUCHE AURA-T-ELLE PARCOURU DE KM QUAND LES DEUX TRAINS SE PERCUTERONT ?

Indice p.287

Solution p.339

147

ÉCUREUIL & NOISETTES

★★★☆☆

Un écureuil est dans la case A et doit se rendre au point B dans le tableau ci-dessous, en récupérant toutes les noisettes.

SEULEMENT, IL NE PEUT ENTRER QU'UNE SEULE FOIS AU MAXIMUM PAR CASE. PEUT-IL Y ARRIVER ?

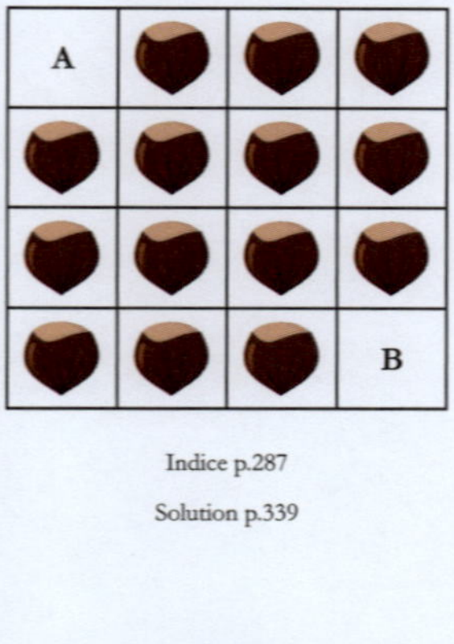

Indice p.287

Solution p.339

148

CÉLÈBRES ÉCUREUILS

QUEL CODE À 4 CHIFFRES POUVEZ-VOUS TROUVER EN ÉTUDIANT LES 4 FORMES SUIVANTES ?

Indice p.288

Solution p.340

149

1 + 1 = 3 ? (2)

★★★☆☆

QUAND EST-IL CORRECT D'OBTENIR 4 EN ADDITIONNANT 9 ET 7 ?

Indice p.288

Solution p.340

150

ATTENTION, NE FONCTIONNE PAS EN BELGIQUE

★★★

SI 99 = 43 ALORS COMBIEN VAUT 86 ?

Indice p.288

Solution p.340

151

VOICI MON 06

★★★☆☆

06 - 68 - 88 - XX - 98

SELON VOUS, QUEL EST LE NUMÉRO DE LA PLACE DE PARKING CACHÉ SOUS LA VOITURE XX ?

Indice p.288

Solution p.340

152

DES CHIFFRES ET DES LETTRES

★★★☆☆

SI MAISON VAUT 9, MUR VAUT 2, TOIT VAUT 4, PORTE VAUT 6, ESCALIER VAUT 16 ALORS COMBIEN VAUT CHEMINÉE ?

Indice p.288

Solution p.341

153

TBBT

★★★☆☆

QUEL MESSAGE FAIT PASSER SHELDON À AMY EN LUI ENVOYANT 128√e980 ?

Indice p.288

Solution p.341

154

SAC DE BILLES

★★★

Vous avez devant vous 100 billes, 50 blanches et 50 noires, ainsi que deux saladiers identiques. Les règles de notre jeu sont simples : je vais vous bander les yeux et vous devrez choisir un des deux saladiers puis une bille dans celui-ci. Si vous tirez une bille noire, vous mourez. Mais, bon joueur, je vous laisse répartir au préalable les billes comme vous le souhaitez dans chaque saladier.

COMMENT RÉPARTIR LES BILLES POUR OPTIMISER VOS CHANCES DE TIRER UNE BLANCHE ?

Indice p.289

Solution p.341

155

SHI-FU-MI !

★★★★★

Christophe et Sébastien joue à pierre feuille ciseaux. Ils ont fait 10 parties sans jamais faire d'égalité. Christophe a joué 3 pierres, 6 feuilles et 1 ciseaux. Sébastien a quant à lui joué 2 pierres, 4 feuilles et 4 ciseaux.

QUI A GAGNÉ ?

Indice p.289

Solution p.341

156

MOINE QUI MONTE, MOINE QUI DESCEND

★★★☆☆

Tous les jours, un moine se rend en haut d'une montagne, s'il a passé la nuit dans la vallée, ou bien dans la vallée, s'il a passé la nuit en montagne. Il emprunte toujours le même chemin, et commence toujours ses trajets à 8 h. Même s'il lui arrive de faire des pauses à différents endroits, quand il monte, il arrive au sommet à 10 h et il lui faut une heure de moins à la descente, ce qui le fait arriver à 9 h.

EXISTE-T-IL UN ENDROIT SUR LE TRAJET OÙ IL PASSE À LA MÊME HEURE QUE LA VEILLE ?

Indice p.289

Solution p.342

157

MON HÉRITAGE

★★★

Je suis le parrain de 3 enfants devenus adultes.

Souhaitant partager avec eux une partie de la fortune
que j'ai amassé, je leur propose ce défi :

- Je possède 17 lingots d'or et je donnerai la moitié de ces lingots
à l'un d'entre eux, un tiers à un autre et un neuvième au troisième ;

- Je leur interdis d'altérer de quelconque façon les lingots pour procéder
au partage ; Ils doivent se répartir intégralement les lingots ;

- Enfin, je leur annonce que le premier à me proposer une solution
respectant au mieux ma répartition sera celui qui repartira avec la moitié.

Le second qui trouvera cette solution recevra un tiers.

**QUELLE SOLUTION ME PROPOSER POUR REPARTIR
AVEC UN MAXIMUM DE LINGOTS ?**

Indice p.289

Solution p.342

158

TABLE RONDE ET SACS DE PIÈCES

★★★★

Vous allez jouer à un jeu contre un adversaire.

Le jeu consiste à positionner des pièces sur une table ronde, sans qu'elles se recouvrent, chacun à votre tour.

Le perdant est celui qui ne peut plus mettre de pièce sur la table.

Vous possédez chacun un sac de pièces contenant le même lot de pièces, certaines de tailles différentes, en grande quantité.

POUR L'EMPORTER, VAUT-IL MIEUX COMMENCER OU LAISSER LA MAIN ?

Indice p.289

Solution p.342

SUITES & INTRUS

Des séries à poursuivre ou des intrus à identifier.

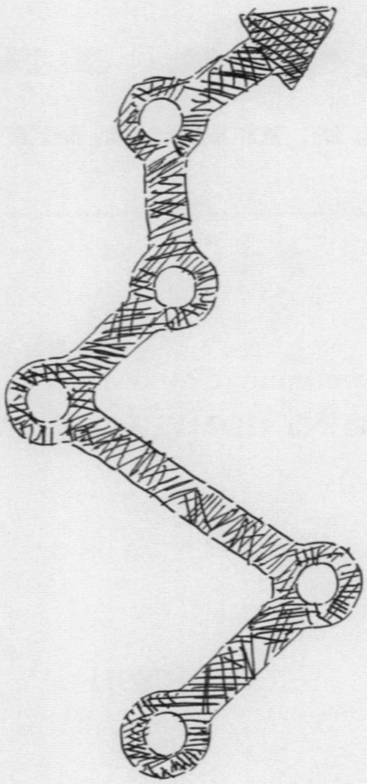

NIVEAUX RENCONTRÉS

★☆☆☆☆

★★☆☆☆

★★★☆☆

★★★★☆

159

ENCORE DES LETTRES !

★

QUELLE LETTRE VIENT COMPLÉTER LA SUITE SUIVANTE ?

UDTQCSSH

Solution p.343

160

5, SYMBOLE DE PUISSANCE ?

★☆☆☆☆

CONTINUEZ CETTE SUITE :

1 -> 5

2 -> 25

3 -> 325

4 -> ?

Solution p.343

161

LE CHIFFRE DE CÉSAR

★☆☆☆☆

PAR QUELLE LETTRE DEVEZ-VOUS POURSUIVRE CETTE SUITE ?

A - E - I - M - Q - ... ?

Solution p.343

162

COORDONNÉES GÉOGRAPHIQUES ?

★☆☆☆☆

QUEL EST LE PROCHAIN BINÔME CHIFFRE/LETTRE VENANT APRÈS 5Q DANS CETTE SÉRIE ?

1N 2X 3S 4E 5Q...

Solution p.343

163

CE NE SONT PAS DES APÔTRES

★

CHERCHEZ L'INTRUS PARMI CETTE LISTE DE PRÉNOMS :

DANIEL - EMMANUEL - FRÉDÉRIC
- MATHIEU - PASCAL - RAPHAËL.

Solution p.344

164

C'EST PLUS SIMPLE QU'IL N'Y PARAÎT !

★★★★★

QUEL NOMBRE SUIT CES NOMBRES 67 843, 36 784, 43 678 ?

Solution p.344

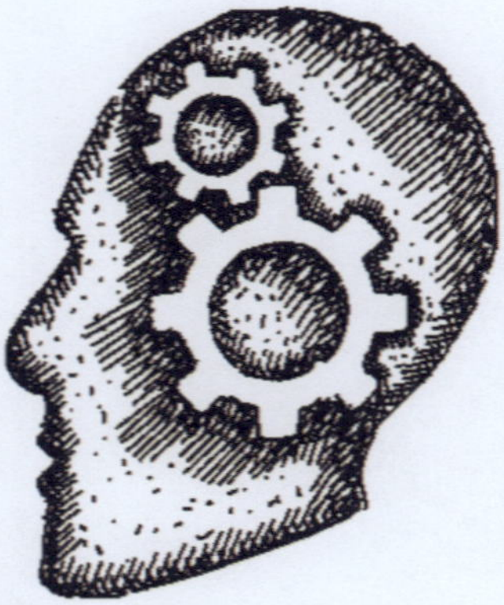

165

DE PLUS EN PLUS DE V

★★★★★

QUELLE LETTRE CONTINUE LA SUITE SUIVANTE ?

D, O, D, T, Q, Q, S, D, D, D, V, V, V, V, V, V, V, V, V, V, ?

Solution p.344

166

À REBOURS

★

QUELLE LETTRE CONTINUE LA SUITE SUIVANTE ?

D, N, H, S, S, C, ?

Solution p.344

167

LA TÊTE AILLEURS

★★

COMPLÉTEZ CETTE SUITE :

M - V - T - M - J - ...

Solution p.344

168

EN RYTHME

★★☆☆☆

COMPLÉTEZ CETTE SUITE :

0 - 2 - 5 - 7 - 8 - 9 - 11...

Solution p.345

169

HEIN ? (1)

★★☆☆☆

INDIQUEZ LES CHIFFRES DE LA PROCHAINE LIGNE :

1
11
21
1211
111221
312211

Solution p.345

170

HEIN ? (2)

★★☆☆☆

INDIQUEZ LES CHIFFRES DE LA PROCHAINE LIGNE :

1
11
21
1112
3112
211213

Solution p.345

171

SUITE ITALIENNE

★★

Trouvez le nombre qui suit :

0 - 1 - 1 - 2 - 3 - 5 - 8 - 13 - ...

Solution p.345

172

KAMOULOX !

★★☆☆☆

Soit la suite de mots suivante :
Asynchrone
Abscisse
Cassette
Fuite
Pont-Neuf
Disparition

POUVEZ-VOUS FOURNIR UN MOT QUI CONVIENDRAIT POUR POURSUIVRE ?

Solution p.346

173

ENCORE DES MATHS ? (1)

★★☆☆☆

TROUVEZ LA SUITE DES NOMBRES :

2 - 4 - 5 - 6 - 4 - 3 - 4 - 4...

Solution p.346

174

SI VOTRE RAMAGE SE RAPPORTE À VOTRE PLUMAGE…

★★☆☆☆

QUEL EST L'INTRUS PARMI CES LETTRES ?

A - B - D - E - O - P - Q - R.

Solution p.346

175

ENCORE DES MATHS ? (2)

★★

CHERCHEZ L'INTRUS PARMI CETTE LISTE DE NOMBRES :

4 - 21 - 54 - 82 - 89 - 92 - 124 - 295

Solution p.346

176

GNI ??

★★☆☆☆

QUELLES SONT LES PROCHAINES LETTRES DE CETTE SUITE ?

Q - S - L - P - L - ...

Solution p.346

177

SYSTÈME ?

★★☆☆☆

QUEL NOMBRE CONTINUE LA SUITE SUIVANTE :

2, 10, 12, 17, 18, 19, ?

Solution p.347

178

SUR MESURE

★★☆☆☆

Conserve, morceaux, amour, caprice,
rancœur, saveur, morveux, corne, case

QUEL EST L'INTRUS PARMI CETTE LISTE DE MOTS ?

Solution p.347

179

L'ALPHA ET L'OMÉGA

★★

Complétez cette suite de chiffres :

5, 2, 8, 9, 4, 7...

Solution p.347

180

SUITE PLUS QU'ITALIENNE

★★☆☆☆

Complétez cette suite :

0, 1, 1, 2, 4, 7, 13, 24, 44, ?

Solution p.347

181

MULTIPLES DE 4 ?

★★☆☆☆

QUEL NOMBRE CONTINUE LA SUITE SUIVANTE ?

68 -> 48 -> 32 -> ?

Solution p.348

182

POURQUOI CES LETTRES ?

★★☆☆☆

QUELLES LETTRES COMPLÈTENT CETTE LISTE ?

B, F, J, P, ?

Solution p.348

183

C'EST VRAIMENT PLUS SIMPLE QU'IL N'Y PARAÎT

★★

DONNEZ UN NOMBRE QUI POURRAIT CONVENIR À LA SUITE DE CES NOMBRES.

1, 11, 30, 22, 41, 231, 52, ?

Solution p.348

184

BATTLE ROYAL

★★★☆☆

CHERCHEZ L'INTRUS PARMI LES MOTS SUIVANTS :

TRAQUE, SORTI, ÉTIREZ, NU, SURVIVANT,
ENTRETUENT, TENTER, ZONE.

Indice p.290

Solution p.348

185

EN VOILÀ ENCORE UN QUI NE SAIT PAS BIEN COMPTER...

★★★☆☆

COMPLÉTEZ CETTE SUITE :

1, 2, 4, 7, 11, 16, 22, 29, ?

Indice p.290

Solution p.349

186

ÇA MONTE ET ÇA DESCEND

★★★☆☆

QUEL NOMBRE CONTINUE LA SUITE SUIVANTE ?

15 -> 26 -> 40 -> 16 -> 37 -> 58 -> 89 -> ?

Indice p.290

Solution p.349

187

ÇA SENT LES 3

★★★

QUEL NOMBRE CONTINUE CETTE SUITE ?

1, 3, 6, 18, 21, 63, ?

Indice p.290
Solution p.349

188

À DEUX C'EST MIEUX (1)

★★★☆☆

QUEL NOMBRE CONTINUE CETTE SUITE ?

18, 2, 16, 9, 14, 16, 12, 23, ?

Indice p.291

Solution p.349

189

QUELLE LETTRE CONTINUE CETTE SUITE ?

★★★☆☆

R, N, S, M, T, L, U, ?

Indice p.291

Solution p.350

190

LE VILAIN PETIT CANARD

★★★☆☆

QUEL EST L'INTRUS PARMI CES NOMBRES ?

46, 234, 381, 622, 24, 83, 164.

Indice p.291
Solution p.350

LOGIQUE

De belles énigmes logiques qui vous feront vous arracher les cheveux.

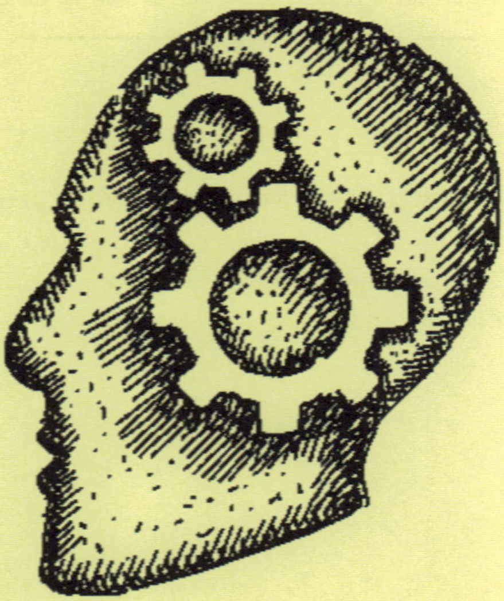

NIVEAUX RENCONTRÉS

★☆☆☆☆

★★☆☆☆

★★★☆☆

191

LA CONFIANCE RÈGNE ENTRE BANDITS

★★

3 bandits souhaitent cacher leur butin dans un coffre.
Ils souhaitent également qu'il soit nécessaire et suffisant d'être deux pour ouvrir le coffre. Un bandit seul ne devra pas pouvoir ouvrir le coffre.

COMBIEN DE CADENAS SONT REQUIS ET QUELLES CLÉS LES BANDITS VONT-ILS RECEVOIR ?

Solution p.350

192

MÉNAGE À 3

★★★★★

Pierre regarde Marion. Marion regarde François.
Pierre est marié, François non.

EST-CE QU'UNE PERSONNE MARIÉE REGARDE UNE PERSONNE NON MARIÉE ?

Solution p.350

193

TROIS HOMMES ET DES CHAPEAUX

★★☆☆☆

Trois prisonniers portent un chapeau tiré au hasard parmi 2 blancs et 3 noirs. Le 1 er voit les chapeaux des 2 suivants, le 2e, seulement celui du 3e, et le 3e ne voit rien. Ceux qui devinent la couleur de leur chapeau seront libérés. Le 1er, qui voit les chapeaux des deux autres, annonce qu'il ne peut pas déterminer sa couleur. Le 2e, qui ne voit que le chapeau du 3e, répond de même. Le 3e, qui ne voit personne, répond avec la couleur de son chapeau.

QUELLE EST LA COULEUR DE SON CHAPEAU ?

Solution p.351

194

LOGIQUE EN FAMILLE

★★☆☆☆

Parmi mes enfants, chacun a au moins deux sœurs et au plus un frère.
Mais si j'avais une fille de moins ou un garçon de plus,
alors ce ne serait plus vrai.

COMBIEN AI-JE D'ENFANTS ?

Solution p.351

195

NI OUI NI NON (1)

★★

Dans un coin reculé de France existe un village composé de deux types de population : les affirmatifs et les négatifs. Les affirmatifs ne peuvent poser que des questions dont la bonne réponse est OUI et les négatifs ne peuvent poser que des questions dont la bonne réponse est NON. Vous rencontrez Joseph et Sacha. Sacha vous demande « Joseph et moi sommes-nous tous les deux négatifs ? ».

QU'EN DITES-VOUS ?

Solution p.351

196

NI OUI NI NON (2)

★★☆☆☆

Dans un coin reculé de France existe un village composé de deux types de population : les affirmatifs et les négatifs.

Les affirmatifs ne peuvent poser que des questions dont la bonne réponse est OUI et les négatifs ne peuvent poser que des questions dont la bonne réponse est NON.

Vous entendez une conversation entre Bruno et Églantine : « Églantine, sommes-nous tous les deux de types différents ? ».

QUEL EST LE TYPE D'ÉGLANTINE ?

Solution p.352

197

NI OUI NI NON (3)

★★☆☆☆

Dans un coin reculé de France existe un village composé de deux types de population : les affirmatifs et les négatifs.

Les affirmatifs ne peuvent poser que des questions dont la bonne réponse est OUI et les négatifs ne peuvent poser que des questions dont la bonne réponse est NON.

Vous surprenez la conversation d'Arthur et Nathanaël : Arthur demande « Y a-t-il un négatif parmi nous ? ».

DE QUELS TYPES SONT-ILS ?

Solution p.352

198

PORTRAIT DE FAMILLE

★★☆☆☆

Lucien regarde la photo d'un homme. Une autre personne lui demande :
« Qui regardez-vous ? ».

Lucien lui répond « Je n'ai ni frère ni sœur mais le père de cet homme est le fils de mon père ».

QUI EST SUR LA PHOTO ?

Solution p.353

199

PROBLÈME POUR CHAUVES

★★

Dans la ville de Grenoble, des scientifiques ont fait une découverte étonnante : il y a strictement plus d'habitants que de cheveux sur la tête de n'importe quel Grenoblois et il n'y a aucun chauve.

POUVEZ-VOUS DIRE S'IL EXISTE, OUI OU NON, DEUX GRENOBLOIS QUI ONT EXACTEMENT LE MÊME NOMBRE DE CHEVEUX ?

Solution p.353

200

ET LE ROSÉ DANS TOUT ÇA ?

★★☆☆☆

Trois caisses portent respectivement les étiquettes « Rouge-Rouge », « Rouge-Blanc » et « Blanc-Blanc ». Les trois caisses contiennent en effet deux bouteilles de rouge, une de rouge et une de blanc, et deux de blanc. À la suite d'une erreur, aucune des étiquettes ne correspond au contenu de sa caisse...

COMMENT DÉTERMINER LE CONTENU DES TROIS CAISSES EN NE TIRANT QU'UNE SEULE BOUTEILLE D'UNE DES TROIS CAISSES ?

Solution p.354

201

CRISE DE CONFIANCE

★★☆☆☆

Je place devant vous 4 cartes : une rouge, une bleue, une portant le numéro 4 et enfin une dernière qui porte le numéro 7.

Vous ne voyez pas le dos de ces 4 cartes.
Chaque carte a une face numérotée et une face colorée.
Je vous affirme que toute carte rouge porte le numéro 7 au dos.

QUELLES CARTES DEVEZ-VOUS RETOURNER POUR VOUS ASSURER QUE MON ASSERTION EST CORRECTE ?

Solution p.354

202

CRUEL TRUEL

★★☆☆☆

Vous participez à un duel à trois. Vous êtes opposés à Jim et John. Chacun de vous est équipé d'un pistolet chargé de 10 balles. Le dernier en vie remportera votre truel. Vous n'êtes pas très doué au tir et vous n'avez donc qu'une chance sur trois de toucher la personne que vous déciderez de viser. Jim quant à lui tirera après vous et a deux chances sur trois de toucher sa cible. Enfin, John tirera en dernier et il a lui, 100 % de chance de toucher sa cible.

QUELLE STRATÉGIE DEVEZ-VOUS ADOPTER POUR MAXIMISER VOS CHANCES DE L'EMPORTER ?

Solution p.355

203

POUR S'ÉCHAUFFER AVANT LA SUITE

★★

PARMI CES PHRASES, LAQUELLE OU LESQUELLES SONT VRAIES ?

- Aucune de ces phrases n'est vraie.
- Toutes ces phrases sont vraies.
- Une seule phrase est vraie.
- Seulement deux phrases sont vraies.

Solution p.355

204

GARDES MENTEURS !

★★☆☆☆

Vous vous trouvez devant deux gardiens de porte : l'un dit la vérité, l'autre ment toujours. Vous devez choisir une des deux portes : l'une mène vers la liberté, l'autre mène vers la prison.

Vous n'avez droit de poser qu'une seule question à un des gardiens. Ensuite, vous devrez choisir une porte !

QUELLE QUESTION ALLEZ-VOUS POSER ?

Indice p.292

Solution p.356

205

JUMEAU CRIMINEL

★★★☆☆

Sacha et Joseph sont deux vrais jumeaux. Sacha a commis un crime.
Au moins un des deux jumeaux ment systématiquement.
Ils sont convoqués chez le juge. Celui-ci demande au 1er jumeau :
« Êtes-vous Sacha ? » ; « Oui », répond le 1er jumeau.

Le juge se retourne vers le 2e et lui demande « Êtes-vous Sacha ? »
Le second jumeau répond (oui ou non, vous ne connaissez pas
sa réponse) et le juge découvre immédiatement lequel des jumeaux
est le criminel nommé Sacha.

POUVEZ-VOUS DIRE QUI EST SACHA ?

Indice p.292

Solution p.356

206

HISTOIRES DE MENTEUSES

★★★☆☆

Marion ment le lundi, le mardi et le mercredi. Florence ment le jeudi, le vendredi et le samedi. Les autres jours, elles disent la vérité.

Un jour, Florence dit à Marion « Hier, je mentais », ce à quoi Marion lui répond « Moi aussi ! ».

QUEL JOUR DE LA SEMAINE SOMMES-NOUS ?

Indice p.292

Solution p.357

ALLUMATHS

Quelques calculs surprenants et autres jeux avec des allumettes, bref, des allumettes et des maths, des allumaths.

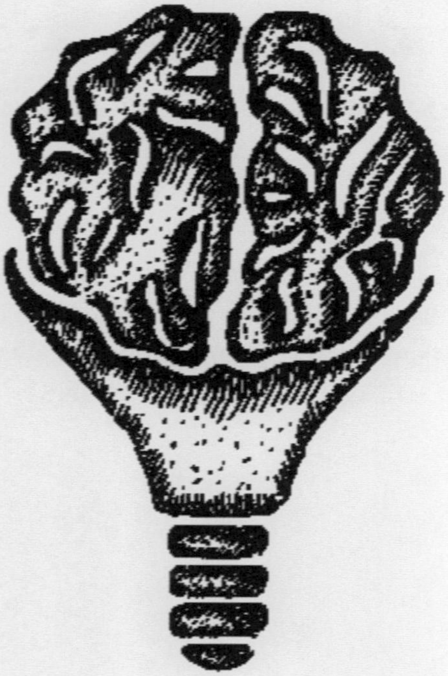

NIVEAUX RENCONTRÉS

★☆☆☆☆

★★☆☆☆

★★★☆☆

207

JE VOIS DES 8 PARTOUT

★

COMMENT OBTENIR 1000 AVEC SEULEMENT DES 8 ET DES ADDITIONS ?

Solution p.358

208

JE VOIS DES 5 PARTOUT

★★★★★

5 + 5 + 5 + 5 = 555.

AJOUTEZ UN SEUL TRAIT POUR RENDRE CETTE ÉQUATION CORRECTE.

Solution p.358

209

VIVE LES HUÎTRES

★★★★★

AJOUTER UNE BARRE POUR RENDRE VRAIE

8 + 8 + 8 + 8 + 8 + 8 + 8 = 888

Solution p.358

210

DEUX ALLUMETTES À DÈPLACER (1)

★★☆☆☆

COMMENT RENDRE L'ÉQUATION SUIVANTE JUSTE EN NE DÉPLAÇANT QUE DEUX ALLUMETTES ?

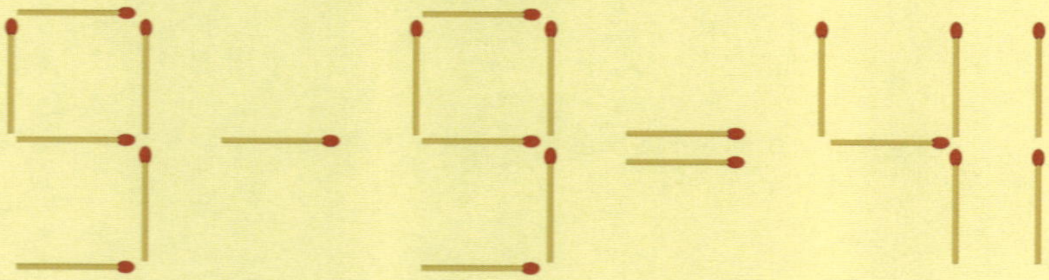

Solution p.359

211

DÉFI DES ALLUMETTES (1)

★★

Il y a 12 allumettes sur la table. Vous jouez contre moi. Le perdant de notre jeu est celui qui prendra la dernière allumette sur la table. Chacun à notre tour, nous sommes obligés d'en prendre 1, 2 ou 3.

MA QUESTION : PRÉFÉREZ-VOUS COMMENCER OU ME LAISSER LA MAIN ?

Solution p.359

212

DÉFI DES ALLUMETTES (2)

★★☆☆☆

Il y a 13 allumettes sur la table. Vous jouez contre moi.
Le perdant de notre jeu est celui qui prendra la dernière allumette sur la table. Chacun à notre tour, nous sommes obligés d'en prendre 1, 2 ou 3.

MA QUESTION : PRÉFÉREZ-VOUS COMMENCER OU ME LAISSER LA MAIN ?

Solution p.359

213

OBTENIR 24 (1)

★★☆☆☆

COMMENT OBTENIR 24 AVEC LES CHIFFRES 5, 5, 5 ET 1 EN N'UTILISANT QU'UNE SEULE FOIS CHAQUE CHIFFRE ?

Tous les chiffres doivent être utilisés.
Vous pouvez utiliser les opérations +, -, x et /.
Les chiffres ne peuvent pas être accolés pour former un nombre.

Solution p.359

214

OBTENIR 24 (2)

★★☆☆☆

COMMENT OBTENIR 24 AVEC LES CHIFFRES 3, 3, 8 ET 8 EN N'UTILISANT QU'UNE SEULE FOIS CHAQUE CHIFFRE ?

Tous les chiffres doivent être utilisés.
Vous pouvez utiliser les opérations +, -, x et /.
Les chiffres ne peuvent pas être accolés pour former un nombre.

Solution p.360

215

OBTENIR 21

★★

COMMENT OBTENIR 21 AVEC LES CHIFFRES 1, 5, 6 ET 7
EN N'UTILISANT QU'UNE SEULE FOIS CHAQUE CHIFFRE ?

Tous les chiffres doivent être utilisés.
Vous pouvez utiliser les opérations +, -, x et /.
Les chiffres ne peuvent pas être accolés pour former un nombre.

Solution p.360

216

OBTENIR 100

★★★★★

OBTENEZ 100

avec 1, 2, 3, 4 ,5, 6, 7, 8 et 9 en gardant les chiffres dans le même ordre, sans les accoler et en utilisant les opérations élémentaires.

Solution p.360

217

OBTENIR 28

★★☆☆☆

COMMENT OBTENIR 24 AVEC LES CHIFFRES 5, 5, 5 ET 1 EN N'UTILISANT QU'UNE SEULE FOIS CHAQUE CHIFFRE ?

Tous les chiffres doivent être utilisés.
Vous pouvez utiliser les opérations +, -, x et /.
Les chiffres ne peuvent pas être accolés pour former un nombre.

Solution p.360

218

RIEN NE SERT DE COURIR

★★☆☆☆

Tous les jours, François se rend de son domicile à son travail à une vitesse moyenne de 50 km/h.

À QUELLE VITESSE FRANÇOIS DOIT-IL FAIRE LE RETOUR POUR QUE SA VITESSE MOYENNE POUR L'ALLER-RETOUR SOIT DE 100 KM/H ?

Solution p.361

219

CARRÉS MAG(NIF)IQUES

★★

Ces quatre carrés ne sont pas magiques,
mais ils sont néanmoins magnifiques.

QUELLE EST LEUR PARTICULARITÉ EN-DEHORS DU FAIT QUE CHAQUE CHIFFRE DE 1 À 9 APPARAÎT UNE SEULE FOIS ?

192
384
576

219
438
657

273
546
819

327
654
981

Solution p.361

220

LA RÉPONSE EST SOUVENT DANS LA QUESTION !

★★☆☆☆

QUELLE EST LA VALEUR DU PRODUIT SUIVANT ?

(x-a) * (x-b) * … * (x-y) * (x-z) = ?

Solution p.361

221

DEUX ALLUMETTES À DÉPLACER (2)

★★☆☆☆

DÉPLACEZ DEUX ALLUMETTES POUR RENDRE CORRECTE L'ÉGALITÉ QUI SUIT :

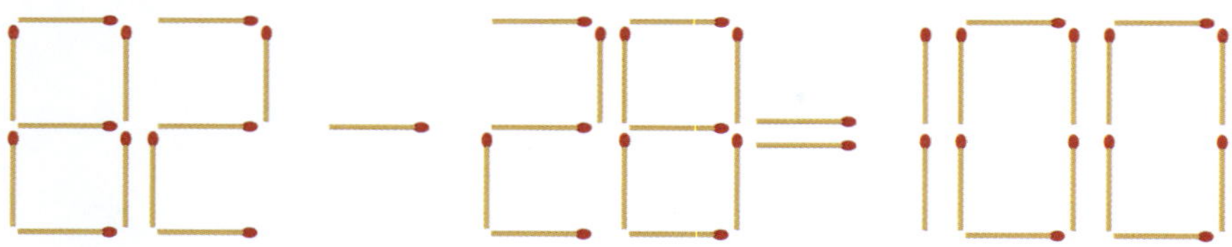

Solution p.362

222

DEUX ALLUMETTES À DÉPLACER (3)

★★☆☆☆

DÉPLACEZ DEUX ALLUMETTES POUR RENDRE CORRECTE L'ÉGALITÉ QUI SUIT :

Solution p.362

223

L'ADDITION N'EST PAS CELLE QUE VOUS CROYEZ

★★

Si 72 + 99 = 27
et 27 + 54 = 18
puis 18 + 39 = 21

ALORS COMBIEN VAUT 21 + 31 ?

Solution p.362

224

ALLUMETTES EN PONT

★★★☆☆

Avec 4 allumettes, pouvez-vous construire un pont reliant les deux bords de votre boîte d'allumettes ?

Nous parlons ici des bords espacés d'un peu plus d'une allumette sur la boîte (la largeur ou la longueur de la boîte selon les modèles).

Indice p.293

Solution p.363

225

CHIC DES MATHS ? (1)

★★☆☆☆

Si 6 + 3 = 91823
Et 8 + 2 = 101646
Et 10 + 5 = 155025
Et 12 + 4 = 164838.

ALORS COMBIEN VAUT 15 + 1 = ?

Indice p.293

Solution p.363

226

CHIC DES MATHS ? (2)

★★

Si 10 + 7 = 1117
et 11 x 11 = 111211
et 11 + 9 = 1210.

ALORS 42 - 7 = ?

Indice p.293

Solution p.363

227

CHIC DES MATHS ? (3)

★★★

Si 19 + 13 = 42
et 12 + 12 = 18
et 15 + 18 = 45
et 12 + 8 = 33.

ALORS 7 + 10 = ?

Indice p.293

Solution p.364

228

CHIC DES MATHS ? (4)

★★★☆☆

Si 3 = 6
et 4 = 12
et 5 = 20
et 6 = 30.

ALORS 7 = ?

Indice p.293

Solution p.364

229

CHIC DES MATHS ? (5)

★★★☆☆

Si 9 + 6 = 153
et 7 + 3 = 104
et 5 + 1 = 64
et 8 + 4 = 124.

ALORS 8 + 2 = ?

Indice p.294

Solution p.364

230

C'EST PUISSANT !

★★★

Déplacez un des chiffres pour que l'équation suivante devienne juste :

101 - 102 = 1

Indice p.294

Solution p.365

231

ALLUMETTES EN CARRÉ

★★★

COMMENT FAIRE UN CARRÉ AVEC 3 ALLUMETTES, SANS LES CASSER ?

Indice p.294

Solution p.365

232

ALLUMETTES EN NON CARRÉ

★★★☆☆

Déplacez une des allumettes pour rendre l'équation suivante correcte :

VI = II

ALORS 7 = ?

Indice p.294

Solution p.365

SENIOR

Des énigmes pour joueurs confirmés, voire très confirmés !
Pour certaines énigmes, quelques compétences mathématiques sont requises.

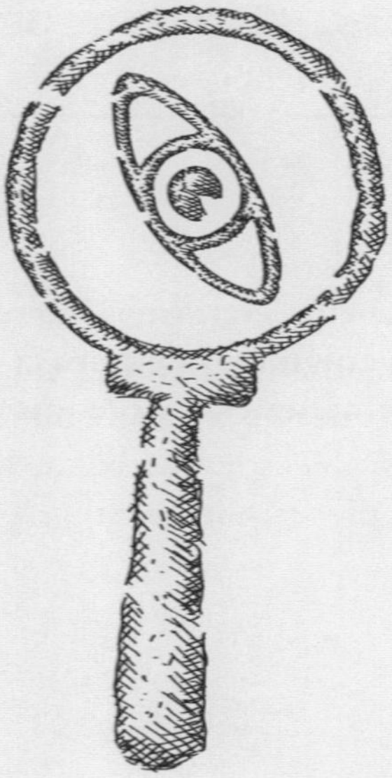

NIVEAUX RENCONTRÉS

★☆☆☆☆

★★☆☆☆

★★★☆☆

★★★★☆

★★★★★

233

27 PIÉCES, C'EST FACILE !

★★☆☆☆

En guise de petit échauffement avant l'énigme « 12 pièces, c'est bien plus dur ! », en voici une simple :
Vous possédez 27 pièces et une balance à plateaux.
Parmi ces pièces, une est plus lourde.

COMMENT POUVEZ-VOUS L'IDENTIFIER EN 3 PESÉES ?

Solution p.366

234

4 POIDS 40 MESURES

★★★☆☆

Vous possédez 4 poids et une balance à deux plateaux.
Ces poids vous permettent de mesurer tout nombre entier
de kilogramme compris entre 1 et 40.

COMBIEN FONT VOS POIDS ?

Indice p.295

Solution p.366

235

LE CARRÉ PALOIS

★★★☆☆

Prenez un carré quadrillé 13 x 13. Complétez ce carré avec des nombres de 1 à 13 en respectant les consignes suivantes :
- Chaque nombre de 1 à 13 apparaît une fois par colonne et une fois par ligne.
- Si un nombre apparaît à un endroit du carré alors il apparaît également à l'emplacement symétrique par rapport à la diagonale (si le chiffre 7 apparaît dans la case de coordonnées (2 ; 3), il apparaît aussi dans la case de coordonnées (3 ; 2)).

ET VOICI NOTRE ÉNIGME : MONTREZ QUE CHAQUE NOMBRE APPARAÎT UNE FOIS SUR LA DIAGONALE.

Indice p.295

Solution p.367

236

PROBLÈME POUR ÉCHÉPHILES (1)

★★★

Sur un échiquier standard de 64 cases (8 x 8), on retire deux cases en coin diamétralement opposées (a1 et h8 ou a8 et h1). Nous disposons de 31 dominos qui font exactement la taille de deux cases de l'échiquier.

PEUT-ON RECOUVRIR LES 62 CASES RESTANTES AVEC CES DOMINOS ?

Indice p.295

Solution p.367

237

CENT HOMMES ET DES CHAPEAUX

★★★★

Dans une prison, on prévient les cent prisonniers qu'on va leur attribuer à chacun (au hasard) un chapeau blanc ou noir. Ils seront ensuite interrogés dans un ordre tiré au hasard et ceux donnant la couleur de leur chapeau seront libérés. Chaque prisonnier verra tous les chapeaux devant lui mais ne verra pas le sien. Les gardiens accordent quelques minutes aux prisonniers pour se concerter et établir une stratégie puis placent un chapeau sur chacun d'eux.

QUELLE EST LA STRATÉGIE À EMPLOYER POUR FAIRE SORTIR LE MAXIMUM DE PRISONNIERS ?

Indice p.295

Solution p.368

238

TUEUR LOGICIEN (1)

★★★★☆

Un tueur capture deux personnes qu'il enferme dans deux pièces séparées. Ils ne peuvent pas communiquer ensemble depuis leurs cellules. Chaque jour, il donne une carte d'un jeu de 52 cartes à chacun de ses prisonniers. Chaque prisonnier doit alors regarder sa carte et prédire la couleur (rouge ou noire) de la carte de l'autre prisonnier. Si les deux prisonniers se trompent, le tueur les abat. Bon joueur, le tueur en série leur laisse quelques secondes pour parler ensemble avant de commencer son jeu démoniaque.

QUELLE STRATÉGIE PEUVENT-ILS METTRE EN PLACE ?

Indice p.295

Solution p.368

239

PROBLÈME POUR ÈCHÈPHILES (2)

★★★★☆

Tour blanche en a1, fou blanc en c1, roi blanc en e1, roi noir en a3.

AUX ÉCHECS, EXISTE-T-IL UN SCÉNARIO QUI MÈNE À CETTE SITUATION ?

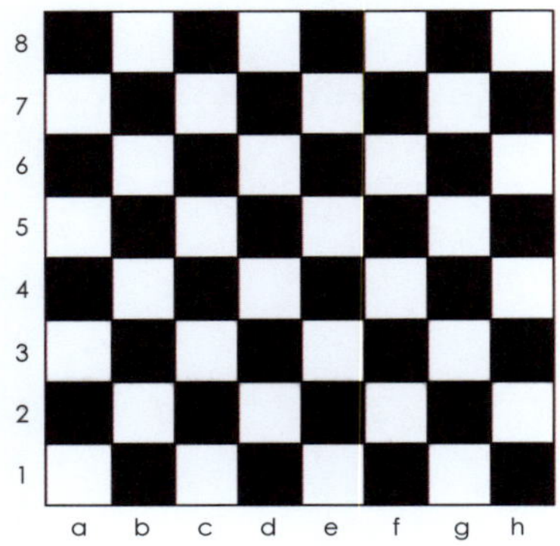

Indice p.295

Solution p.369

240

IMPAIR ET MANQUE

★★★★☆

On vous donne un jeu de 32 cartes. Vous avez les yeux bandés. 10 cartes ont été retournées et sont mélangées aux 22 autres.

COMMENT FAIRE POUR SÉPARER LES 32 CARTES EN DEUX TAS COMPORTANT CHACUN AUTANT DE CARTES RETOURNÉES ?

Indice p.296

Solution p.369

241

PRINCESSE FUYANTE

★★★★★

Une princesse habite dans un château qui est composé de N chambres en enfilade numérotées de 1 à N. Vous êtes un prince qui doit trouver la princesse. Chaque matin vous pouvez examiner une chambre (n'importe laquelle). Si vous trouvez la princesse, vous gagnez. Chaque nuit la princesse DOIT changer de chambre pour une chambre voisine (si elle est dans la chambre i, elle DOIT aller soit en i-1, soit en i+1).

QUELLE STRATÉGIE VOUS PERMETTRA DE TROUVER LA PRINCESSE À COUP SÛR ?

Indice p.296

Solution p.370

242

MOINES MALADES

★★★★★

Dans un monastère, se trouve un ordre de moines vivant dans des conditions très strictes : ils n'ont pas le droit de communiquer entre eux de quelconque façon.

Il leur est également interdit de regarder leur image dans un miroir. Les moines ne se retrouvent qu'une fois par jour autour d'une même table.

Un soir, à l'issue du repas, le chef de l'ordre fait exception à leurs règles et placarde un écriteau qui indique que certains membres du monastère, au moins un, sont atteints d'une maladie non contagieuse.

Cette maladie fait apparaître un point rouge sur le front de la personne contaminée. Pour ne pas troubler l'ordre, le chef ordonne aux personnes atteintes, sans les désigner, de quitter le monastère.

Le 13e jour suivant l'affichage de l'écriteau, à la fin du repas, tous les moines malades se lèvent et quittent le monastère.

QUELLE STRATÉGIE PEUVENT-ILS METTRE EN PLACE ?

Indice p.296

Solution p.371

243

12 PIÉCES, C'EST BIEN PLUS DUR !

★★★★★

Vous avez devant vous, un feutre, une balance à plateaux et 12 pièces dont vous savez qu'une est fausse : elle est soit plus légère, soit plus lourde que les autres.

COMMENT POUVEZ-VOUS L'IDENTIFIER EN 3 PESÉES ?

Indice p.296

Solution p.372

244

BIP BIP

★★★★★

QUELS CHIFFRES COMPLÈTENT CE NOMBRE 9782019456... ?

Indice p.296

Solution p.373

245

PROBLÈME POUR ÉCHÉPHILES (3)

★★★★★

Prenez un échiquier standard 8x8. Montrez que si on enlève n'importe quelle case blanche et n'importe quelle case noire de cet échiquier (2 cases enlevées au total), on peut toujours le recouvrir avec des dominos couvrant exactement deux cases.

Indice p.296

Solution p.374

246

TUEUR LOGICIEN (2)

★★★★★

Un tueur logicien enlève deux personnes, Selim et Walid, et les enferme dans deux cellules. Selim et Walid ne peuvent pas communiquer ensemble. Ils ont chacun une fenêtre dans leur cellule qui donne sur une cour. De cette fenêtre, chacun d'eux voit des tours de garde. Selim en voit 10 et Walid en voit 6.

Le tueur leur indique que la cour contient 14 ou 16 tours de garde et que chaque matin, il va venir leur poser une question, à Selim tout d'abord, puis à Walid : y a-t-il 14 ou 16 tours dans la cour ? Selim et Walid pourront alors choisir de répondre ou non.

Dès qu'une réponse sera donnée, le jeu s'arrêtera. Si la réponse est correcte, Selim et Walid seront libérés.

Et sinon, ils seront tués.

Y A-T-IL UNE SOLUTION POUR QUE SELIM ET WALID S'EN SORTENT ? ET SI OUI, AU BOUT DE COMBIEN DE JOURNÉES ?

Indice p.297

Solution p.375

247

CASES MALADES

★★★★★

Prenez un quadrillage carré de côté n. Ce carré est donc composé de n^2 cases carrées de côté 1. Au début, toutes les cases sont blanches. Coloriez certaines cases en noires.

Nous allons ensuite procéder par itération en appliquant les règles suivantes :

- Si une case blanche touche deux, trois ou quatre cases noires par ses arêtes (pas en diagonale donc), elle est « contaminée » et devient noire. Elle pourra à son tour contaminer des cases blanches durant les prochaines itérations.

- Si une case blanche ne touche aucune case noire ou une seule, elle reste blanche. Les bords du quadrillage comptent comme des cases blanches.

QUESTION : COMBIEN FAUT-IL COLORIER DE CASES EN NOIR AU MINIMUM AFIN QUE LE QUADRILLAGE SOIT ENTIÈREMENT NOIR AU BOUT D'UN CERTAIN NOMBRE D'ITÉRATIONS ?

Indice p.297

Solution p.376

248

PARTAGE DE BONBONS

★★★★★

Attention, cette énigme requiert quelques notions mathématiques.
n enfants sont assis autour d'une table ronde.
n-1 bonbons sont répartis aléatoirement entre eux.
À chaque itération la règle suivante est appliquée simultanément par tous les enfants :
- Si un enfant a 0 ou 1 bonbon, il ne fait rien.
- Si un enfant a plus de deux bonbons, il en passe 1 à gauche, 1 à droite et garde le reste.

D'APRÈS VOUS, APRÈS DE NOMBREUSES ITÉRATIONS, COMMENT LES BONBONS VONT-ILS ÊTRE RÉPARTIS ?

Indice p.297

Solution p.377

249

À S'ARRACHER LES CHEVEUX

★★★★★

Vous rencontrez trois triplés nommés Mensonge, Vérité et Aléatoire mais vous ne savez pas qui est qui. Mensonge ment toujours. Vérité dit toujours la vérité et Aléatoire répond aléatoirement. Les trois triplés vous comprennent mais ne répondent à vos questions que par BIP ou BOP, l'un voulant dire oui et l'autre non mais vous ne savez pas lequel. Vous pouvez poser 3 questions à l'un ou l'autre des triplés ou 3 à un seul, 2 à l'un, 1 à un autre...

POURREZ-VOUS DÉTERMINER QUI EST QUI ?

Indice p.297

Solution p.378

250

CAMÉLÉONS

★★★★★

Dans une grande pièce se trouvent 7 caméléons jaunes,
9 caméléons bleus et 11 caméléons rouges.

Quand un caméléon jaune rencontre un bleu,
les deux deviennent rouge. De même un bleu et un rouge
deviennent tous deux jaunes ; et un jaune et un rouge
se rencontrant deviennent bleus.

EST-IL POSSIBLE DE N'AVOIR, AU BOUT D'UN CERTAIN TEMPS, QUE DES CAMÉLÉONS D'UNE SEULE COULEUR ?

Indice p.297

Solution p.379

I
N
D
I
C
E
S

INDICES

JUNIOR

29

p.42

Il faut étudier ce problème dans toutes ses dimensions.

30

p.43

Les côtés des triangles feront une longueur d'1/3 d'allumette.

31

p.44

Représentez la quantité d'eau dans chaque seau à l'aide d'un tableau, cela vous aidera beaucoup : une colonne par seau et une nouvelle ligne à chaque fois que vous versez de l'eau dans un seau.

32

p.45

Essayez de calculer la taille du bambou les premiers jours.

33

p.46

Et si vous mangiez un certain petit bout de chacun ?

34

p.47

Commencez par imaginer le partage des sandwichs.

35

p.48

Recherchez sa date de naissance.

36

p.49

Le plus simple est d'écrire les couples short / pull possible.

37

p.50

Combien de participants sont éliminés lors de chaque duel
et combien avez-vous de vainqueurs à la fin ?

38

p.51

Rien ne vous empêche de retirer une pièce de viande
avant qu'elle ne soit cuite des deux côtés.

39

p.52

Vous pouvez soit essayer de poser des équations pour résoudre ce problème, soit vous dire que si Louise donne un caillou à Joan, cela entraîne une égalité ; alors, Louise a deux cailloux de plus.

À partir de cette constatation, vous pourrez tâtonner pour trouver la solution !

40

p.53

Le plus simple est de tracer la progression de l'homme.

41

p.54

Il n'y a pas de kiwi au Danemark !
(ni kaki, ni kumquat, d'ailleurs !)

Mais comment ai-je fait pour connaître votre réponse ?
Voici votre nouvelle énigme !

42

p.55

Le plus court chemin entre deux points est la ligne droite.

43

p.56

N'oubliez pas que vous pouvez remettre de la farine déjà pesée sur un plateau !

44

p.57

Imaginez que chacun des amis a raison et étudiez les conséquences puisqu'UNE SEULE affirmation est correcte.

45

p.58

Faites bien attention au début et à la fin d'un livre quand plusieurs sont rangés côte à côte !

46

p.59

Il y a un indice orthographique dans l'énoncé.

DEVINETTES

78

p.93

Anagramme.!

79

p.94

Dans la phrase « combien coûte 2 ? »,
comprenez bien : combien coûte « 2 ».

80

p.95

6 et 9.

I N D I C E S

ASTUCIOSITES

121

p.141

Il y a autant de liquide dans les deux bols à la fin de vos manipulations.

143

p.163

Une seule pesée suffit.

144

p.164

Rien ne ressemble plus à une fourmi qu'une autre fourmi.

145

p.165

Observez bien la forme des chiffres.

146

p.166

Combien de temps la mouche va-t-elle voler ?

147

p.167

Un demi-tour s'impose quelque part.

148

p.168

Les célèbres écureuils sont Tic et Tac.

149

p.169

Tous les mots sont importants.

150

p.170

Cette énigme ne fonctionne pas dans les pays qui disent nonante.

151

p.171

Si vous avez besoin de cet indice, c'est que
vous ne regardez pas le problème dans le bon sens.

152

p.172

Consonnes et voyelles.

153

p.175

C'est une déclaration d'amour.

154

p.174

Vous n'êtes pas obligé de mettre beaucoup
de bille dans un des deux saladiers.

155

p.175

S'il n'y a pas eu d'égalité, quelqu'un
a gagné chaque partie.

156

p.176

Et s'il y avait deux moines ?

157

p.177

Avec 18 lingots, ce serait plus simple n'est-ce pas ?

158

p.178

Si vous jouez en premier, une position particulière vous tend les bras.

SUITES ET INTRUS

184

p.207

Il y a des anagrammes dans le lot.

185

p.208

Étudiez de près la différence d'un nombre avec le précédent.

186

p.209

Il y a des histoires de carrés.

187

p.210

Deux opérations différentes sont utilisées.

188

p.211

Deux suites sont imbriquées.

189

p.212

Deux suites sont imbriquées.

190

p.213

L'énigme se résout en étudiant les chiffres qui composent chaque nombre.

LOGIQUE

204

p.229

Il vous faut poser une question à un gardien en impliquant l'autre.

205

p.230

Essayez les deux réponses possibles !

206

p.231

Étudiez bien les cas possibles pour Marion et Florence
entre hier et aujourd'hui.

ALLUMATHS

224

p.251

Et voici le meilleur indice du monde :
ce n'est pas facile mais c'est possible !

225

p.252

Les 4 opérations élémentaires
sont +, -, x et /.

226

p.253

La résolution se passe en deux étapes.
La première étape est la résolution classique de l'opération.

227

p.254

Tous les résultats sont
des multiples de 3.

228

p.255

Tous les résultats sont divisibles
par le nombre de gauche.

229

p.256

Deux opérations sont réalisées à chaque fois.

230

p.257

Le chiffre en question doit être déplacé ET réduit.

231

p.258

Il existe différents sens pour
le mot carré.

232

p.259

En déplaçant une allumette,
vous devrez faire apparaître un symbole mathématique.

SENIOR

234

p.263

Petite astuce :
ajouter des poids sur chacun des plateaux peut
vous permettre des mesures intermédiaires !

235

p.264

Par construction, chaque nombre apparaît 13 fois dans le carré.

236

p.265

De quelles couleurs sont les cases recouvertes par un domino ?

237

p.266

Étudiez la parité du nombre de chapeaux noirs (ou blancs).

238

p.267

Ils ont soit une carte de même couleur, soit non.

239

p.268

Les blancs sont partis d'en-haut.

INDICES

240

p.269

Vous avez le droit de retourner des cartes.

241

p.270

Essayez d'étudier la parité des déplacements de la princesse.

242

p.271

Essayez d'imaginer un scénario avec un seul malade puis deux... Il y a au moins un moine malade.

243

p.272

Il sera utile d'indiquer sur les pièces si elles sont a priori plus lourdes ou plus légères avec des - et des + par exemple.

244

p.273

15,90 € TTC.

245

p.274

Tracez un circuit passant une unique fois par chacune des cases de l'échiquier.

Ce circuit doit faire une boucle. Enlevez ensuite 2 cases au hasard, une blanche et une noire.

246

p.275

Il est important de bien
comprendre que le fait qu'un des deux prisonniers ne répond pas
donne des informations à l'autre.

247

p.276

Indice 1 :
la diagonale est une bonne solution, avec n carrés coloriés en noir
au début. Cette solution permet de colorier entièrement le quadrillage.

Indice 2 :
afin de trouver une solution simple, essayez de compter quelque chose qui peut
varier à chaque itération.

248

p.277

Indice 1 :
à la fin, tous les enfants auront un bonbon, sauf un.

Indice 2 :
il y a un nombre fini de configurations donc soit vous démontrez
qu'il y a un cycle, soit il y aura convergence vers une solution stable.

249

p.278

Votre outil principal sera du type
« Si je vous demande si 1+1=2, répondez-vous BIP ? ».

250

p.279

Étudiez bien les nombres de chaque type de caméléon lors d'une rencontre.

SOLUTIONS

JUNIOR

01

p.14

Moi seul. Les autres en revenaient puisque je les ai croisés.

02

p.15

Le courant..

03

p.16

J'ai un billet de 20 € et un autre de 5 € ; en effet, le billet de 20 € n'est pas un billet de 5 € !

04

p.17

En procédant par élimination, nous arrivons à dimanche.

05

p.18

Remplissez le seau de 3 L. Videz-le dans le seau de 5 L.
Il reste 2 L vides dans le seau de 5 L. Remplissez à nouveau le seau de 3 L et versez-le dans le seau de 5 L sans le faire déborder.
Il vous reste alors 1 L dans le seau de 3 L.

06

p.19

La réponse est 3 ! En effet, si la première chaussette est noire, la seconde blanche, alors la troisième sera soit blanche, soit noire et la femme aura une paire de chaussettes de même couleur, qu'elles soient blanches ou noires !

07

p.20

1/ Remplissez le seau de 3 L au robinet.
2/ Versez le dans le seau de 4 L.
3/ Remplissez le seau de 3 L au robinet.
4/ Videz le seau de 3 L dans le seau de 4 L, sans déborder.

Il reste alors 2 L dans le seau de 3 L.

08

p.21

En un coup, vous coupez le camembert en 2, puis avec un second coup en 4 quartiers, et enfin, coupez-le horizontalement pour obtenir 8 parts.

09

p.22

10, puisque le bateau monte avec le niveau de l'eau !

10

p.23

Aujourd'hui.

11

p.24

0 m³ , c'est un trou !

12

p.25

Il y a au moins deux solutions :

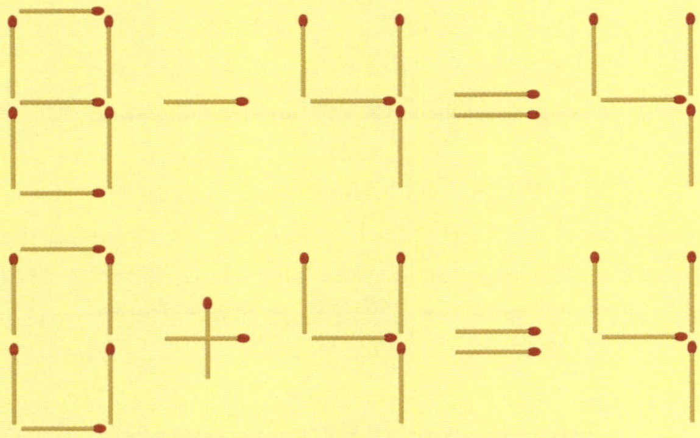

13

p.26

Il y a au moins 2 solutions :

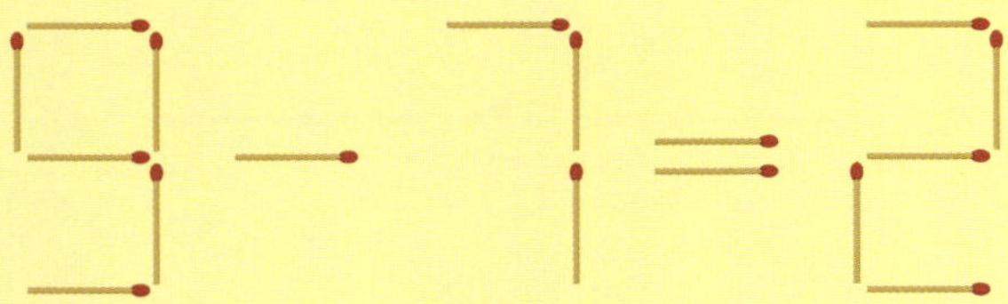

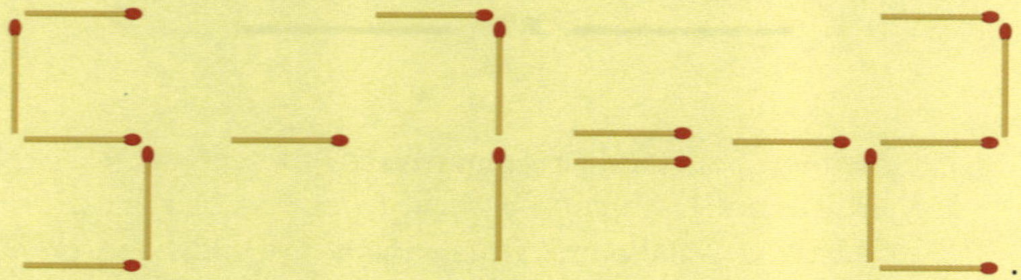

14

p.27

Eh bien, Basil, pardi !

15

p.28

La réponse est 4 ! En effet, si la première chaussette est noire, la seconde blanche et la troisième rayée alors la quatrième sera soit noire, soit blanche, soit rayée et elle pourra donc former une paire.

16

p.29

Aucun, puisque les habitants inscrits sur liste rouge ne sont pas dans l'annuaire !

17

p.30

7 enfants pour Anne + 6 pour Walid = 13 enfants.
Puisqu'ils ont 11 enfants dans leur foyer, 13 - 11 = 2 :
Anne et Walid ont eu deux enfants ensemble.

Sacrée famille !

18

p.31

Pariez sur A ! Si vous étudiez bien la course, le cycliste A sera arrivé alors que le cycliste B ne sera qu'en haut du col, il faudra encore à B le temps de descendre (à vive allure certes mais ce sera trop tard !).

19

p.32

L'homme : il se déplace à quatre pattes étant enfant, puis debout sur ses deux jambes et enfin à l'aide d'une canne à la fin de sa vie.

Cette devinette très célèbre fut posée par le Sphinx à Œdipe selon la mythologie grecque.

20

p.33

Les initiales des 5 premiers mots de la phrase sont A, B, C, D et E, il vous faut donc trouver un mot commençant par F comme fougueux, furent, fous, filent, festoient, etc...

21

p.34

L'élément clé à prendre en compte ici est que le paysan peut revenir de l'autre berge avec le chou, le loup ou la chèvre.

Il peut par exemple :

- emmener la chèvre de l'autre côté

- revenir à vide

- prendre le loup et le déposer de l'autre côté

- revenir avec la chèvre et la déposer du côté initial de la rivière

- prendre le chou et le déposer de l'autre côté

- puis revenir chercher la chèvre lors d'un dernier voyage !

Et voici tout le monde sur la seconde berge !

22

p.35

Un secret.

23

p.36

Attention, la réponse n'est pas 2 ! Sinon, Line, avec 10 Playmobil®, n'en aurait que 8 de plus qu'Eva. En réalité, Eva n'a qu'un seul Playmobil® et Line en a 11.

24

p.37

Placez 3 diamants de chaque côté de la balance.

- Si les 6 diamants sont vrais, la balance s'équilibre, il vous reste donc 3 diamants possiblement faux.
- Si la balance s'incline d'un côté, prenez les 3 diamants sur le plateau du haut.

Le faux diamant est parmi ces 3 pierres.

Pour déterminer le faux diamant parmi 3, pesez-en deux et :
- Si la balance s'équilibre le diamant restant est le faux.
- Sinon le faux est sur le plateau du haut.

25
p.38

Deux solutions s'offrent à vous :

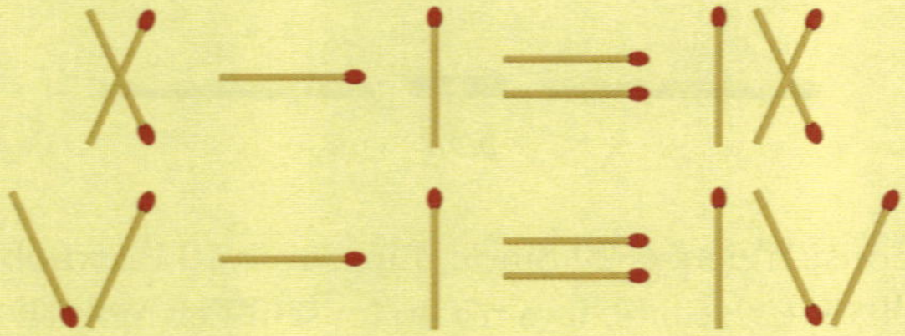

26
p.39

5 x 5 x 5 - 5 x 5 = 125 - 25 = 100.

27
p.40

Chaque résultat de droite est la somme des chiffres composant le nombre de gauche. Par exemple 14 = 1 + 4 = 5.

Donc 96 = 9 + 6 = 15.

28
p.41

La courgette a perdu de l'eau, mais pas de fibre.
1 % d'un kilo représentait 10 g de fibre.
Après une semaine, ces 10 g de fibre représentent 2 % du total, soit le double par rapport à 1 %. La courgette pèse donc deux fois moins, soit 500 g (10 / 500 = 2 %)

29

p.42

En formant une pyramide avec une base triangulaire.

30

p.43

En formant une étoile de David avec les allumettes :
formez deux triangles avec 3 allumettes chacun.
Retournez un triangle et positionnez-le sur le premier :
6 petits triangles apparaissent, aux sommets de l'étoile de David.
Et vous avez toujours vos deux triangles équilatéraux initiaux,
ce qui donne 6 + 2 = 8.

31

p.44

Le plus simple est en effet de représenter la solution sous forme de tableau :

12 L	8 L	5 L
12	0	0
4	8	0
4	3	5
9	3	0
9	0	3
1	8	3
1	6	5

32

p.45

Étudions la taille du bambou le premier jour. 1 m plus sa moitié, cela fait 1,5 m. Au second jour, nous ajoutons un tiers de 1,5 m, ce qui fait à nouveau 50 cm de plus.

Nous pouvons procéder ainsi de suite pour toute la vie du bambou : il gagne chaque jour 50 cm. En 18 jours, le bambou aura donc gagné 9 m. Puisqu'il faisait initialement 1 m, il en fera 10 le 18e jour.

33

p.46

Saisissez-vous d'un cachet l'un après l'autre, coupez-le en deux, avalez la moitié et gardez l'autre moitié pour demain.

34

p.47

La façon la plus simple de résoudre ce problème est de diviser tous les sandwichs en 3 mini sandwichs. Cela fait 24 (3x(5+3)) mini sandwichs.

Chaque ami en a donc mangé 8. Joseph en a fourni 15 (5x3) et Arthur 9 (3x3). Sur les 8 mini sandwichs mangés par Sacha, un seul venait d'Arthur, les 7 autres venant de Joseph. Joseph doit donc récupérer 7 € et Arthur 1 euro seulement.

35

p.48

Charlie est né le 31 décembre et nous sommes le 1 er janvier.

36

p.49

Le pull d'Arthur et le short de Joseph sont forcément portés par Sacha.

Il reste deux pulls, ceux de Sacha et de Joseph. Joseph ne peut pas porter son propre pull, et c'est donc obligatoirement lui qui porte le pull de Sacha.

37

p.50

Il y a 191 participants. À chaque duel, un participant est éliminé. À la fin, le dernier devient le vainqueur. Il y a donc 190 duels.

38

p.51

Nommons X, Y et Z les trois côtes de porc.
Durant les 10 premières minutes, Line doit faire cuire les recto des côtes X et Y.
Durant les 10 minutes suivantes, Line fait cuire le verso de X et le recto de Z.
Enfin, Line cuit le verso de Y et le verso de Z.
Il lui faut donc 30 minutes.

39

p.52

Joan a 5 cailloux et Louise 7.

40

p.53

Toutes les 2 minutes, notre homme monte d'1 mètre. Au bout de 14 minutes, il est donc à 7 mètres. Il attaque sa montée de 3 mètres qui lui prend 1 minute, il sonne la cloche puis se laisse glisser jusqu'en bas.
La réponse est donc 15 minutes.

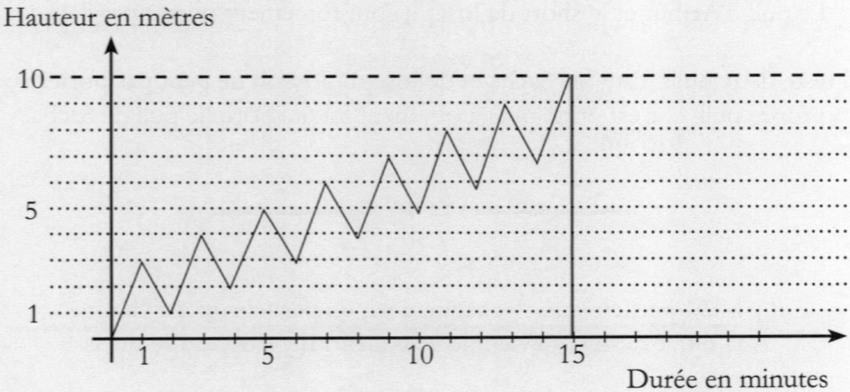

41

p.54

La solution est relativement simple.
Quand vous prenez un nombre entre 2 et 10, puis que vous le multipliez par 9, vous pouvez obtenir 18, 27, 36, 45, 54, 63, 72, 81 ou 90.
Tous ces nombres ont la propriété d'avoir la somme de leurs chiffres qui vaut 9.
Vous aviez l'illusion du choix mais vous étiez en fait contraint.

9 - 5 = 4.

Vous obtenez donc la lettre D. Le Danemark est le seul pays d'Europe à commencer par un D.

Et finalement, les gens pensent plus naturellement au kiwi qu'au kaki ou au kumquat !

42

p.55

Le plus court chemin entre deux points étant une ligne droite, nous allons utiliser un point imaginaire qui est le symétrique de l'emplacement de la fleur par rapport au bord du ruisseau.

Le plus court chemin suit la ligne droite entre la cabane et ce point imaginaire jusqu'au ruisseau puis une fois votre arrosoir rempli, vous pouvez aller à la fleur en ligne droite.

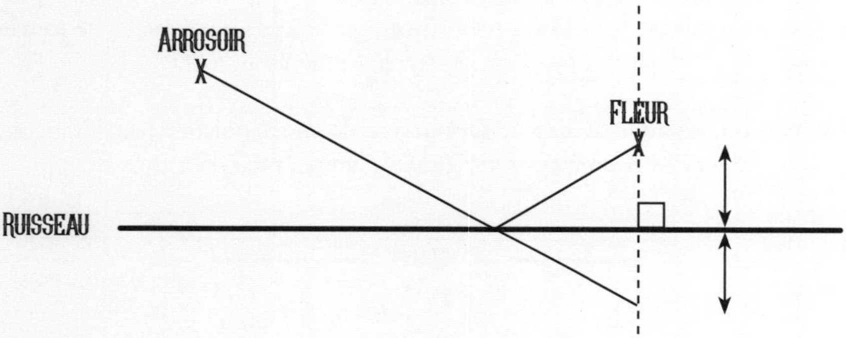

43

p.56

Voici une solution :
1 poids de 50 g en équilibre avec 50 g de farine
1 poids de 50 g + 50 g de farine en équilibre avec 100 g de farine
1 poids de 50 g + 50 g de farine + 100 g de farine en équilibre avec 200 g de farine

Vous avez alors 350 g de farine sur les deux plateaux de la balance.

Le reste pèse donc 650 g puisque vous en aviez 1 kg au départ.

SOLUTIONS

44

p.57

Nous savons que deux affirmations sont fausses et qu'une est vraie.

Si Bruno a raison, alors François également.
Or ce n’est pas possible donc Bruno a tort.

Si François a raison, alors soit Bruno a raison, soit Pierre a raison.
Or, ce n'est pas possible, donc François a tort.

Pierre a donc raison, Jean-François a strictement moins de 30 pieds de tomates mais moins d'un, pour que François ait tort.

Conclusion, les amis se disputent pour peu de chose puisque Jean-François a fait des courgettes cette année et aucun pied de tomates.

45

p.58

Quand des livres sont rangés côte à côte, la première page de l'un est juste à côté de la dernière d'un autre ! Le ver a donc parcouru :
- la couverture du premier livre, soit 1 mm
- le second livre en entier, soit 200 x 0,05 + 2 x 1 mm = 12 mm
- la couverture du dernier livre, soit 1 mm Au total, le ver a parcouru 14 mm.

46

p.59

Chaque oiseau a la valeur de la position de sa première lettre dans l'alphabet.
A = 1, B = 2, C = 3, D = 4, ...

Par exemple, Albatros commence par un A et vaut 1. Dindon vaut donc 4.

DEVINETTES

47

p.62

Eh bien, le mot « mal » !

Et il le prononce par ailleurs très bien !

48

p.63

De leur nom de famille, bien sûr ! What else ?

49

p.64

Le timbre !

50

p.65

Une enveloppe !

51

p.66

Du dictionnaire dans lequel les mots sont en effet classés par ordre alphabétique !.

52
p.67

La lettre A : A est la première lettre de l'alphabet (qui comporte 26 lettres, les autres étant donc ses « soldats ») et sans la lettre A, le mot Paris, devient « pris »

53
p.68

Une dent.

54
p.69

La lettre N.

55
p.70

Votre prénom.

56
p.71

La mer.

57
p.72

Un billet de loterie.

58

p.73

C'est en réalité une famille composée du grand-père,
ses deux fils ainsi que de leurs 2 fils respectifs, soit 1 grand-père,
père de deux fils ayant chacun deux fils :
7 personnes.

59

p.74

L'ancre d'un bateau.

60

p.75

Un pou !

61

p.76

Deuxième, vous suivez le premier !

62

p.77

Le lettre E.

63

p.78

La solution est « UN SEUL MOT ».

Il n'y a pas d'anagramme français correspondant à ces 9 lettres. Mais l'énoncé vous demande d'écrire « un seul mot » !

64

p.79

La syllabe « di », pardi !

65

p.80

Les deux Suisses sont des sœurs ! Suissesse peut également être utilisé au féminin mais il est de moins en moins usité.

66

p.81

En écrivant le mot UNE avec les allumettes ! 3 allumettes pour former le U, 3 également pour le N et enfin 4 allumettes pour former le E.

67

p.82

C'est avant tout une question de sécurité : avec cette forme, et contrairement aux carrés, rectangles ou autres triangles, la bouche d'égout ne peut pas tomber dans le trou !

De plus, et ce n'est pas négligeable vu leur poids, une forme ronde permet de les faire rouler.

68

p.83

Le bijoutier aurait dû ouvrir les 7 maillons d'un bracelet et utiliser ceux-ci pour attacher chacun des 7 autres bracelets. Avec cette méthode, vous n'auriez dû payer que 70 €.

69

p.84

Les lèvres quand vous prononcez les mots oui ou non !

70

p.85

Rien n'est plus grand que Dieu.
Rien n'est plus méchant que le Diable.
Les pauvres n'ont rien.
Les riches n'ont besoin de rien.
Si tu ne manges rien, tu meurs.

71

p.86

Regardez bien, « un » est sur « saut », « vient » est sous « vent » et « d'une » sur « prise » : un sursaut vient souvent d'une surprise !

72

p.87

La cédille.

73

p.88

À la police, ce sont des anagrammes !

74

p.89

Les bus ont très souvent la particularité de n'avoir des portes que côté trottoir.
Les portes du bus que vous voyez sont visibles.

Les bus (comme les automobiles d'ailleurs) roulent à gauche en Angleterre.
Ce bus roule donc vers la gauche !

75

p.90

C'est un palindrome, la phrase se lit dans les deux sens si vous la terminez comme suit : « Engage le jeu que je le gagne. »

76

p.91

16 s'est pris une racine ! Il est donc devenu 4, qui est la racine carrée de 16.

77

p.92

Esope reste ici et se repose !
C'est un palindrome, une phrase qui peut se lire dans les deux sens.

78

p.93

Pablo Picasso, ce sont des anagrammes !

79

p.94

Lucien est en train d'acheter des chiffres !
Ceux-ci pourront être par exemple placés sur sa boîte aux lettres.

80

p.95

Cette énigme est tirée de la phrase de Georges Pérec « andin basnoda a une epouse qui pue ». Celle-ci peut se lire dans les deux sens si vous retournez la page (les a deviennent des e, les d des p, etc...). andin basnoda devient donc « epouse qui pue ».

ENQUÊTES

81

p.98

Parce qu'il n'a pas de main pour se saisir de la clé, regardez bien la carte !

82

p.99

La famille est en train de jouer au Monopoly !

En effet, le père est sur la case « prison » et la mère est sur la case « simple visite ».

La fille de son côté est tombée sur une case possédant un hôtel appartenant à son frère, voilà qui la rend bien triste puisqu'elle va devoir donner beaucoup d'argent à son frère, et voilà, également, qui explique pourquoi celui-ci se réjouit !

83

p.100

Roméo et Juliette sont deux poissons rouges.
Quelqu'un a malencontreusement renversé leur bocal qui était posé sur la table et celui-ci s'est brisé au sol, répandant une flaque d'eau.
Privés d'eau, les deux poissons rouges sont morts d'asphyxie.

84

p.101

L'homme retrouvé mort était partie faire une balade en montgolfière au-dessus du désert avec des amis. La montgolfière perdant de l'altitude, les amis lâchèrent un maximum de leste : tout d'abord, les sacs prévus à cet effet, puis leurs vêtements. Mais la montgolfière perdait inexorablement de l'altitude !

Ils décidèrent alors de tirer à la « courte paille » pour déterminer qui sauterait en premier pour laisser une chance de survie aux autres. L'homme retrouvé mort tira la paille la plus courte, sauta et mourut sur le coup.

85

p.102

Le fils souhaite revoir la jeune femme au plus vite !
En tuant son père, il espère que celle-ci se présentera à son enterrement comme elle s'est présentée à celui de sa mère !

Cette enquête est aussi connue sous le nom « test du psychopathe ».

Un conseil, méfiez-vous des personnes qui trouveraient la solution trop rapidement !

86
p.103

Adam et Ève, n'ayant pas été enfantés, n'ont jamais eu de cordon ombilical et n'ont donc pas de nombril !

87
p.104

Pour chaque mot proposé par les participants, regardez si les lèvres se touchent lors de la prononciation du mot ou non !
Si elles se touchent (pour les lettres « m », « b » et « p »), annoncer que ce mot « touche », sinon, que le mot « ne touche pas » !

88
p.105

Leur nom de famille est Mort.

89
p.106

Les 12 personnes ont sauté en même temps dans l'eau et ont oublié de descendre l'échelle.

90
p.107

L'homme qui est entré dans le bar avait le hoquet.
Le barman qui connaissait l'homme lui a fait peur afin que son hoquet s'arrête, ce qui a très bien fonctionné.

91

p.108

Albert et Liliane ne sont pas mariés ensemble !

92

p.109

Sacha est sur un manège pour enfants.

93

p.110

Le prince est en train d'observer une partie d'échec.

94

p.111

Une catastrophe s'est produite sur Terre et l'homme pensait être le seul survivant à cette catastrophe. En entendant un téléphone sonner, il se rend compte qu'il n'était pas le seul survivant !

95

p.112

Le pêcheur voulait utiliser un bâton de dynamite pour créer une ouverture dans la glace et pêcher. Malheureusement, quand il a jeté son bâton de dynamite, son chien le lui a ramené...

96

p.113

Dans l'ascenseur, les numéros sont alignés de bas en haut, du plus petit numéro au plus grand. Le bouton correspondant au 20e étage est donc relativement haut. À son retour de l'école, l'enfant ne peut pas l'atteindre et il ne peut appuyer que sur le 15e bouton. Il doit alors finir à pied.

Néanmoins, les jours de pluie, l'enfant part avec un parapluie qui lui permet d'appuyer sur le bouton du 20e à son retour de l'école.

97

p.114

Le gardien a eu un rêve prémonitoire pendant la nuit ce qui implique qu'il dormait alors qu'il était de garde !

98

p.115

Le sosie anglais est le seul à avoir regardé à droite en traversant la route.

99

p.116

Il a jonglé tout du long !

100

p.117

Les policiers sont appuyés sur play sans rembobiner la cassette, c'est donc que quelqu'un s'en est chargé avant et ça ne pouvait pas être l'homme mort !

101

p.118

L'homme est gardien de phare.

102

p.119

Son voisin ronflait en dormant !

103

p.120

La femme était l'assistante d'un lanceur de couteaux dans un cirque.

Avec ses talons, sa tête était légèrement trop haute !

104

p.121

Seuls les glaçons étaient empoisonnés.
Les vôtres n'ont pas eu le temps de fondre dans votre verre.

105

p.122

Monsieur Chacun a pris son objet, mais il a laissé celui des autres !

106

p.123

C'est très simple, un homme fut décapité et sa tête tranchée
fut remise à un autre homme.

107

p.124

Monsieur B. avait caché un poignard en glace dans son thermos. Après avoir tué Monsieur D., le poignard a fondu dans le sauna.

108

p.125

Monsieur Kent est laveur de vitres, il a donc ouvert la fenêtre et sauté à l'intérieur !

109

p.126

Charlie est tout simplement entré dans un ascenseur.

ASTUCIOSITÉS

110

p.130

Répondez lui 6, la réponse correspond au nombre de lettres de chaque chiffre donné par Joanne.

111

p.131

Attention à bien intégrer les lettres que vous ajoutez en écrivant les chiffres en toutes lettres !

Dans ce rectangle, le R est présent quatre fois ;
Quoi que vous en disiez il n'y a que cinq fois la lettre Q dans ce carré ;
Le I apparaît six fois dans ce triangle isocèle ; Il y a deux U dans ce rond.

112

p.132

Et voici !

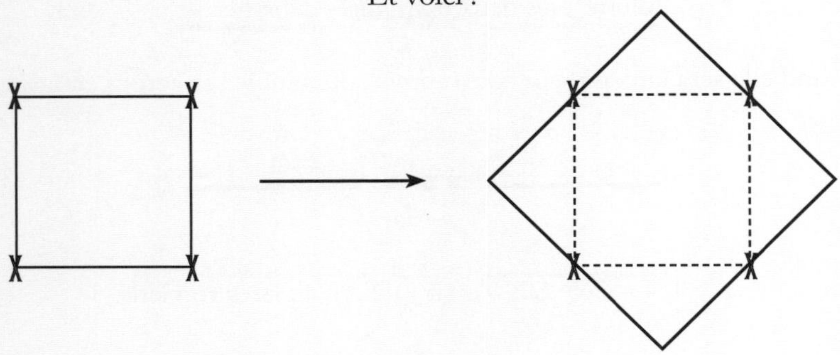

113

p.133

Évelyne a rempli sa bouteille à moitié puis l'a congelée droite.
Juste avant de partir, elle a retourné la bouteille.

À son retour, le glaçon était en bas de la bouteille ce qui signifie qu'il a fondu puis s'est recongelé.

114

p.134

Penchez-le jusqu'à ce que le liquide touche le bord du mug.
Si vous voyez le fond du mug alors celui-ci est moins qu'à moitié plein.

115

p.135

Allumez les deux extrémités de la ficelle.

Quand elle sera entièrement consommée, 30 minutes se seront écoulées !

116

p.136

2036/4 = 509. 509 s'écrit DIX en chiffres romains.

117

p.137

Pierre place son cadeau dans son coffre et le ferme avec son cadenas. Il envoie le coffre à Julie. Julie place alors son propre cadenas à côté de celui de Pierre et le renvoie.

Pierre, quand il reçoit le coffre, enlève son cadenas. Il renvoie alors le coffre qui n'est plus fermé que par le cadenas de Julie.

Julie ouvre son cadenas et n'a plus qu'à découvrir le cadeau que Pierre lui a offert.

118

p.138

Prenez un grand coffre et un petit coffre.

Placez les 7 lingots dans le petit coffre et le petit coffre dans le grand.

Chaque coffre contiendra alors 7 lingots !

119

p.139

Il vous suffit de retourner la carte et vous pourrez voir l'équation se transformer en : X = I + IX, soit 10 = 1 + 9, ce qui est correct !

120

p.140

Il faut inverser les cartes 3 et 6, et, quand vous remontez la carte 6, retournez-la pour obtenir un 9

121

p.141

Il y a autant de lait dans le café que de café dans le lait.

En effet, chaque bol contient autant de liquide que l'autre.

Donc, disons qu'il manque un volume V de lait dans le bol de lait.

Ce volume V est égal au volume de café qui a remplacé le lait.

Il manque donc ce volume V de café dans le bol de lait et ce volume V a été remplacé par du lait dans le bol de café.
Contre-intuitif n'est-ce pas ?

122

p.142

Il vous faut écrire DIX CHIENS en toutes lettres dans les 9 cases qui représentent les niches : DIX CHIENS

D	I	X	C	H	I	E	N	S

123

p.143

Chirurgien A met les gants 1 puis les gants 2 par-dessus. Il opère.

Chirurgien B met ensuite les gants 2 et opère.

Chirurgien C met alors les gants 1 en les retournant.
Il prend enfin les gants 2 et les met sur les gants 1, puis il opère.

124

p.144

1er patient : le chirurgien utilise deux paires de gants l'une sur l'autre.

2e patient : le chirurgien enlève la seconde paire de gant.

3e patient : le chirurgien conserve toujours sa paire de gant mais il ajoute la seconde paire de gants qui lui a servi lors de la première opération, en les retournant.

125

p.145

Il y a plusieurs solutions. Vous pouvez, par exemple, retourner les deux sabliers. Quand celui de 7 minutes est vide, retournez-le.

Lorsque le sablier de 11 minutes est vide, il reste encore 3 minutes dans celui de 7 minutes, puisque 4 minutes se sont écoulées. Retournez-le et lorsqu'il se sera écoulé, 4 minutes seront passées : 11 + 4 = 15 minutes.

126

p.146

Une fois descendu au sous-sol, commencez par allumer le premier interrupteur. Attendez quelques minutes puis éteignez-le.

Allumez alors le second et remontez en haut du phare.

Soit la lampe du phare est allumée et l'interrupteur est le second, soit elle est éteinte. Si elle est éteinte mais chaude, c'est le premier interrupteur ! Sinon, c'est le troisième !

127

p.147

Allumez les deux extrémités de la première ficelle et une seule extrémité de la seconde. Au bout de 30 minutes, la première ficelle sera consommée.

Allumez alors la seconde extrémité de la seconde ficelle et le tour est joué : quand la seconde ficelle sera consommée, 45 minutes exactement se seront écoulées !

128

p.148

La réponse est qu'en s'y prenant bien et en réfléchissant, ils pourront tous s'en sortir !

Anne et Basil traversent en premier. Puis Anne revient avec la torche. 3 minutes se sont écoulées. Carol et Mia traversent alors, ce qui leur prend 10 minutes de plus. Basil revient avec la torche et enfin, Anne et Basil traversent, ce qui ajoutent 2 x 2 minutes, soit 17 minutes au total.

Alors qu'Anne et Basil mettent le pied sur la terre ferme, le pont s'effondre juste derrière eux !

129

p.149

Chaque prince a pris le cheval de l'autre. Le prince qui remportera la course verra bien son cheval arrivé dernier et sera le successeur du roi.

130

p.150

Peu importe la façon dont vous vous y prenez, à chaque fois que vous effectuez une coupe « clac », vous obtenez un morceau de plus que le coup d'avant :

vous prenez un rectangle, vous le coupez et vous obtenez deux rectangles.

Puisqu'à la fin, vous aurez n x p carrés et qu'avant la première coupe, vous avez un carré, il vous faudra (n x p - 1) coupes, quoi que vous fassiez.

131

p.151

Oubliez les retours à la ligne : 1+1+11+1+11+1 = 26.

132

p.152

Et voici la solution !

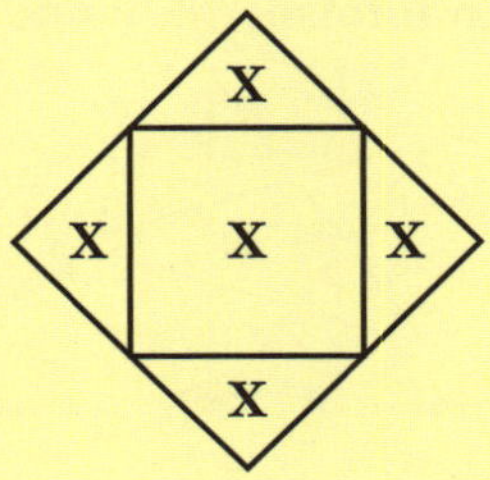

133

p.153

Et voici ! Placez une planche dans un angle
puis la seconde entre la première planche et l'angle de l'île.

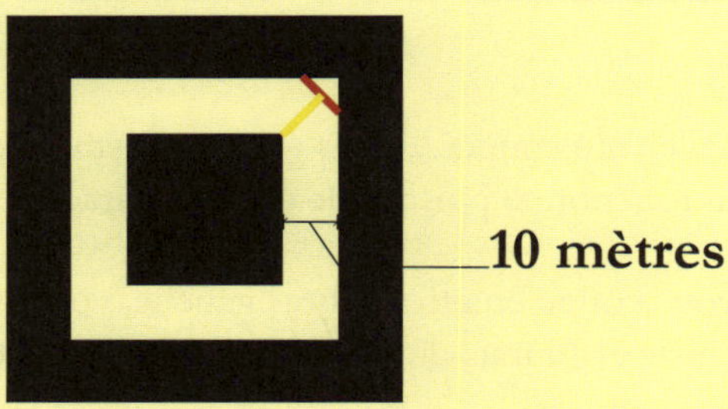

134

p.154

Prononcez les lettres dans l'ordre et vous comprendrez que « Hier Hélène a acheté des cuillères ». C'est typique d'Hélène quand elle est AJT, NRV, OQP.

135

p.157

En formant une étoile !

136

p.156

Il vous faut ici compter les carrés. Dans le carré 3x3, il y a 9 carrés de côté 1, 4 carrés de côté 2 et un carré de côté 3, soit 14 carrés au total.

137

p.157

« Vous allez me couper le bras gauche » est une phrase qui fonctionne puisqu'elle crée un paradoxe :

- si je vous coupe en effet le bras gauche, votre phrase sera juste et j'aurais dû vous couper le bras droit !

- si je vous coupe le bras droit, votre affrmation sera fausse et j'aurais dû vous couper le bras gauche !

Petit malin !

SOLUTIONS

138

p.158

Et voici la solution.

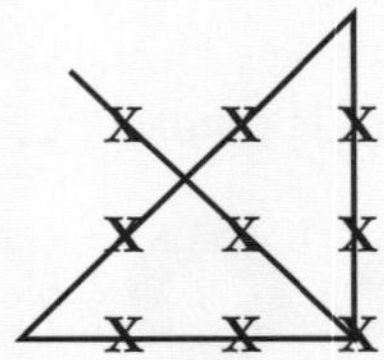

139

p.159

Avec votre équerre, tracez deux rectangles au-dessus et en dessous du segment AB. Le segment doit composer un côté de chacun des deux rectangles.

Tracez ensuite les diagonales des deux rectangles puis rejoignez les intersections des diagonales des deux rectangles.

Cette droite coupe le segment en son centre C.

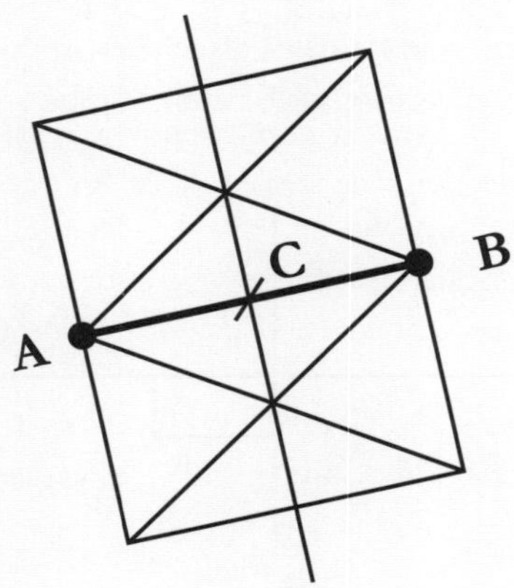

140

p.160

La logique dépend ici de deux paramètres :
- le nombre de côtés de la forme dans le cercle
- le positionnement de ce nombre sur une montre.

Le carré ayant 4 côtés, le point doit être positionné à 4h.

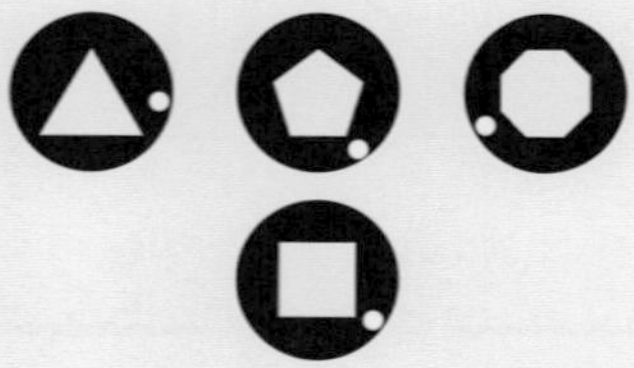

141

p.161

Harold doit planter 4 piquets au milieu des côtés du rectangle, puis relier les piquets opposés par des cordes.

Il doit alors attacher la chèvre avec deux cordes mesurant pour l'une la moitié de la longueur du rectangle et pour l'autre la moitié de la largeur.

Il relie ensuite ces 2 cordes aux cordes attachées aux piquets par des nœuds coulissants, et le tour est joué !

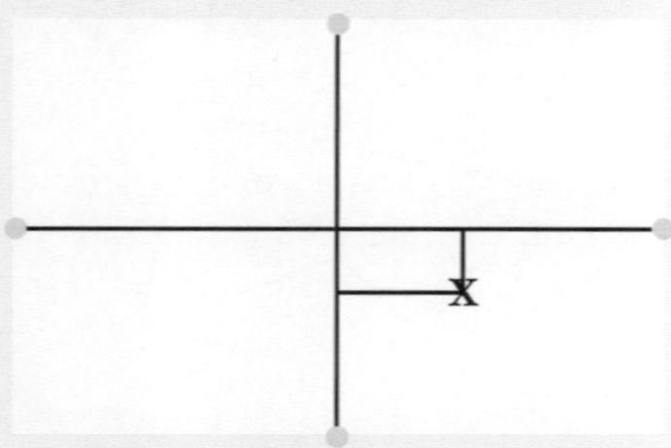

142

p.162

L'homme peut allumer un feu au centre de l'île.
Le feu va alors se déplacer d'est en ouest. Une fois que le feu se sera déplacé, il pourra se réfugier sur la partie brûlée.

143

p.163

Une seule pesée vous suffira si vous placez sur la balance 1 pièce du premier sac, 2 du deuxième, ..., et enfin 9 du neuvième et aucune du dixième.

Il ne vous restera en effet qu'à regarder le chiffre des unités de votre pesée : si c'est un 1, les fausses pièces sont dans le premier sac, si c'est un 2, dans le deuxième, etc..

144

p.164

Plutôt que de considérer que les fourmis font demi-tour, imaginez qu'elles se croisent, ou même qu'elles sont transparentes les unes pour les autres.

En effet, vu de nos yeux, toutes les fourmis se ressemblent.
Du coup, quand une fourmi arrive sur le fil, elle marche tout droit jusqu'à tomber.

Le fil faisant 1 mètre et la fourmi parcourant 1 mètre par heure, il faudra au maximum une heure à une fourmi pour tomber dans le cas où cette fourmi était initialement à une extrémité du fil.

145

p.165

2581 vaut 2.
Il faut compter le nombre de boucles présentes dans les 4 chiffres composant chaque nombre. 1 boucle pour un 0, un 6 ou un 9, et 2 boucles pour un 8.

146

p.166

Ici, soit vous partez dans une solution mathématique complexe, soit vous procédez ainsi : les deux trains roulants tous les deux à 100 km/h, ils vont se percuter au centre de leur trajet, au bout de 200 km et donc après 2h.

La mouche volant à 200 km/h (elle est très sportive !), elle aura parcouru 400 km en 2h.

147

p.167

Il le peut oui ! Il lui suffit de revenir sur ses pas après avoir visité la première case située à droite ou en bas du A. Ayant commencé en A, il n'y est encore jamais « entré ».

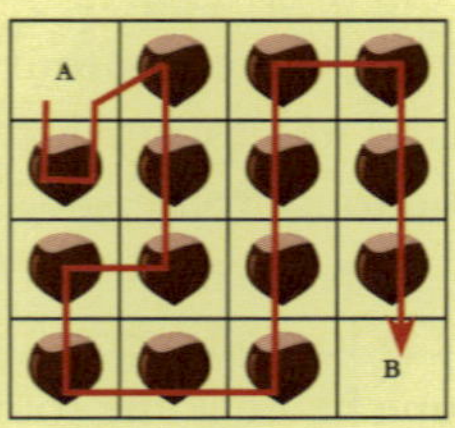

148

p.168

Les montres à aiguilles font en effet tic-tac ! Ici, les barres représentent les aiguilles d'une montre et donnent le code suivant : 5713.

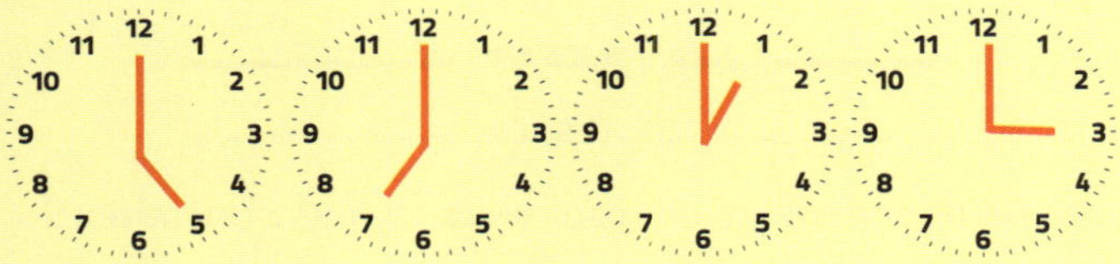

149

p.169

Le mot important est « quand ». En effet, à 9h du matin, si vous vous donnez RDV dans 7h, votre RDV sera bien à 4h de l'après-midi !

Donc oui, le matin, 9 + 7 = 4 !

150

p.170

Il vous faut additionner tous les nombres que vous prononcez en énonçant ces nombres : 99 = 43 (4 + 20 + 10 + 9) 86 = 30 (4 + 20 + 6)

151

p.171

La réponse est 87. Les numéros dans les parkings sont faits pour être lus depuis les voitures donc il suffit de retourner la feuille pour voir 86, XX, 88, 89 et 90. Le numéro caché est donc le 87.

152

p.172

Cheminée vaut 16. Il faut multiplier ici le nombre de consonnes par le nombre de voyelles.

153

p.173

Effacez la partie supérieure des caractères et vous obtiendrez iloveyou !

154

p.174

En plaçant une unique boule blanche dans un saladier et les 99 dans l'autre.

En effet, vous avez une chance sur deux de tirer le saladier à bille unique qui vous permet de survivre et si vous tirez l'autre, vous avez près d'une chance sur deux de vous en sortir (il y a 50 billes noires et 49 blanches).

Soit au total, près de 74,75 % de chance de survivre (100 % - 50 % x (50/99)), ce n'est pas fantastique mais c'est mieux que 50 % !

155

p.175

Rapprochez les 6 feuille de Christophe avec les 2 pierres et 4 ciseaux de Sébastien, puisqu'il n'y a pas eu d'égalité, Christophe a perdu 4 de ces 6 manches.

Il reste alors 4 feuilles pour Sébastien contre 3 pierres et 1 feuille pour Christophe. Christophe a donc perdu 3 manches sur 4.

Le score final est de 7 parties gagnées par Sébastien et 3 par Christophe.

156

p.176

Imaginons qu'il y ait deux moines (vous pouvez également imaginer que le second moine est l'image du moine le jour précédent).

Le premier moine descend et le second monte.

Si une chose est certaine, c'est qu'ils vont se croiser !

Et s'ils se croisent, c'est qu'ils sont au même endroit à la même heure !

157

p.177

Eh bien, le premier qui viendra me voir et me dira quelque chose de ce type l'emportera :

« Cher parrain, prenez ce livre d'énigmes et imaginez que celui-ci est en réalité un lingot, vous avez désormais entre les mains 18 lingots ; je vais en prendre moi-même 9.

J'en laisse 6 à un de mes concurrents qui représente un tiers du tout, 2 à mon autre concurrent, et je vous laisse le livre ! »

158

p.178

La réponse est qu'il vaut mieux commencer ! En effet, peu importe la taille de la table puisque si vous commencez, vous pouvez placer une première pièce au centre de la table puis placer une pièce à un emplacement symétrique à la dernière que vient de poser votre adversaire (symétrie par rapport au centre).

Cet espace est forcément libre vu votre méthode de pose !

SUITES ET INTRUS

159
p.182

« N » car les lettres indiquées sont les premières lettres des chiffres Un Deux Trois Quatre Cinq Six Sept Huit.

Le chiffre suivant est donc Neuf dont la première lettre est « N » !

160
p.183

Ce ne sont pas les puissances de 5 puisque 5 puissance 3 vaut 125. En réalité, il sufft ici d'ajouter le nombre de droite après le nombre de gauche de la ligne précédente.

Le nombre manquant est donc 4325.

161
p.184

Prenez l'alphabet et sautez 3 lettres à chaque fois (BCD - FGH - JKL - NOP - RST). La prochaine lettre est U.

162
p.185

6X. Chaque chiffre est associé à sa dernière lettre (6 -> SIX -> 6X).

163

p.186

Mathieu est le seul prénom à ne pas être mixte
(Danielle, Emmanuelle, Frédérique, Pascale, Raphaëlle).

164

p.187

84 367 ! Les chiffres sont décalés vers la droite pour chaque nouveau nombre.

165

p.188

T. Ces lettres sont les initiales de Dix, Onze, Douze, etc...

166

p.189

Q pour quatre. Vous êtes en train de faire un décompte en partant de 10.

167

p.190

S, puis U, puis N. Ce sont les premières lettres des planètes du système solaire, en partant de la plus proche du Soleil jusqu'à la plus éloignée :

Mercure - Vénus - Terre - Mars - Jupiter - Saturne - Uranus - Neptune.

168

p.191

100. Chacun des nombres cités s'écrit avec 4 lettres.

169

p.192

Pas besoin de mathématiques pour cette énigme, il suffit de lire les quantités de chiffres sur chaque ligne et de les indiquer sur la ligne suivante !

La première ligne indique « 1 ». Il y a donc un « 1 » (« un » correspond à la quantité, et « 1 » au chiffre). Il faut donc indiquer 11 sur la seconde ligne, et ainsi de suite. La réponse est donc : 13112221.

170

p.193

Pas besoin de mathématiques pour cette énigme, il suffit de d'additionner les quantités de chaque chiffre sur chaque ligne et de les indiquer sur la ligne suivante, dans l'ordre, d'abord le nombre de 1 puis le nombre de 2, etc...

La prochaine ligne est donc : 312213

171

p.194

C'est la suite de Fibonacci : chaque nombre est la somme des deux précédents. Le suivant est donc 8+13 = 21.

172

p.195

Bronze, bonze ou bronzage pourrait convenir ! En prononçant chacun des mots listés, vous vous rendrez compte qu'un nombre se cache dans chaque mot (5, 6, 7, 8, 9, 10...).

173

p.196

Le prochain chiffre est 4. Chaque chiffre représente le nombre de lettres de 1, 2, 3, ...

174

p.197

L'intrus parmi ces lettres est le E qui est la seule lettre à ne pas avoir un espace fermé quand vous l'écrivez.

175

p.198

L'intrus est 21 qui est le seul nombre qui ne comporte pas « quatre » quand on l'écrit (92 = quatre-vingt-douze, par exemple).

176

p.199

D - C - S. Cette suite correspond aux premières lettres des mots de la question !

177

p.200

200. Tous ces nombres débutent par la lettre D et sont dans l'ordre croissant.

178

p.201

L'intrus est le mot caprice qui est le seul à contenir une lettre, le « p » qui dépasse en haut ou en bas.

179

p.202

...6, 3, 1 et 0. Les chiffres sont classés dans l'ordre alphabétique.

180

p.203

Chaque nombre est la somme des trois précédents.
Le dernier est donc 13 + 24 + 44 = 81.

181

p.204

Ce sont bien des multiples de 4 mais cela n'a pas grand-chose à voir !
En effet, le nombre qui suit est 6 qui est le résultat de la multiplication des deux chiffres qui composent le nombre précédent.

6 x 8 = 48.

4 x 8 = 32.

3 x 2 = 6.

S O L U T I O N S

182

p.205

Ces lettres sont celles qui suivent une voyelle dans l'alphabet.
Les deux lettres qui complètent cette liste sont donc V et Z.

183

p.206

La somme des chiffres composant ces nombres croît d'une unité à chaque fois.
5 + 2 = 7 pour le dernier nombre. 80 pourrait donc convenir tout comme 11111111.

184

p.207

Survivant est le seul mot à ne pas être l'anagramme d'un nombre (quatre, trois, treize, un, trente et un, trente, onze).

185

p.208

Ajoutez 1 au premier nombre puis 2 au second, 3 au troisième, 4 au quatrième, etc... 1 + 1 = 2, 2 + 2 = 4, 4 + 3 = 7, 7 + 4 = 11, 11 + 5 = 16, 16 + 6 = 22, 22 + 7 = 29, 29 + 8 = 37.

Le nombre suivant est donc 37.

186

p.209

Chaque nombre est le résultat de la somme des carrés des chiffres composant le nombre précédent. Par exemple $26 = 1^2 + 5^2 = 1 + 25$.

Le dernier nombre est donc $8^2 + 9^2 = 64 + 81 = 145$.

Vous pouvez par ailleurs poursuivre les calculs pour voir apparaître une boucle !

187

p.210

Pour cette suite, nous alternons entre multiplier par 3, puis additionner 3, puis multiplier, etc... Le prochain nombre est donc 66.

188

p.211

Deux suites sont imbriquées l'une dans l'autre : les nombres de la première sont égaux aux nombres précédents moins 2, et pour la seconde, il faut additionner 7.

Le prochain nombre est donc 10.

189

p.212

Deux suites sont imbriquées, l'une suit l'ordre alphabétique et la seconde suit l'opposé de l'ordre alphabétique. La prochaine lettre est K.

190

p.213

L'intrus est 24. C'est le seul nombre dont le produit des chiffres ne fait pas 24.

SOLUTIONS

LOGIQUE

191

p.216

3 cadenas sont requis et chaque bandit reçoit deux clés : le premier bandit pour les cadenas 1 et 2, le second pour les 2 et 3 et le dernier pour 1 et 3.

192

p.217

La réponse est oui car Marion est soit mariée, soit non.

193

p.218

Le premier voit 2 chapeaux. Si ceux-ci étaient blancs, son propre chapeau serait noir et il aurait pu répondre. Il voit donc au moins un chapeau noir.

Puisqu'un des 2 chapeaux suivants est noir, si le 2e prisonnier voyait que le chapeau du 3e était blanc, son propre chapeau serait forcément noir.

Or il ne répond pas, c'est donc qu'il voit un chapeau noir !
Le 3e prisonnier annonce donc que son chapeau est noir et est libéré.

194

p.219

La première phrase indique que j'ai au moins 3 filles (pour que chaque sœur ait au moins deux sœurs) et soit aucun fils, soit un seul.

Si j'avais une fille de moins, le fait que mes enfants n'auraient pas tous deux sœurs implique que j'ai 3 filles et pas plus.

Le fait que si j'avais un garçon de plus, certains de mes enfants auraient plus d'un frère implique que j'ai un fils, car si je n'en avais pas, la première phrase serait toujours correcte.

J'ai donc 4 enfants, 3 filles et 1 fils.

195

p.220

Si Sacha était affirmatif, la réponse serait OUI et il serait donc négatif ce qui n'est pas possible. Sacha est donc négatif et la réponse est NON.

Sacha étant négatif et la réponse étant NON, Joseph est affirmatif.

196

p.221

Soit la réponse à la question est OUI et alors Bruno est affirmatif et Églantine négative, puisque la réponse est OUI.

Soit la réponse à la question est NON et alors, Bruno est négatif, les deux sont du même type et Églantine est négative.

Dans tous les cas, Églantine est négative.

197

p.222

Si Arthur était négatif, la réponse à sa question serait NON, ce qui n'est pas possible puisque Arthur serait négatif.

Arthur est donc affirmatif et la réponse à sa question est OUI.

Puisque la réponse est OUI, il y a un négatif parmi eux et Nathanaël est donc négatif.

198

p.223

Attention ici car vous risquez de beaucoup vous embrouiller le cerveau alors que la solution est simple : mettons-nous dans la peau de Lucien.

Étant fils unique, vous êtes « le fils de mon père ».

Quand vous énoncez donc « le père de cet homme est le fils de mon père », vous énoncez que « le père de cet homme est moi-même ».

C'est donc un portrait de votre fils, enfin, du fils de Lucien.

199

p.224

Oui, il y a obligatoirement deux Grenoblois qui ont exactement le même nombre de cheveux. Imaginons qu'il y a 100 habitants à Grenoble.

Chacun a un nombre de cheveux strictement supérieur à 0 (aucun n'est chauve) et différent du nombre de cheveux de tous les autres.

Il nous faut alors chercher 100 nombres entiers compris entre 1 et 99 (il y a strictement plus d'habitants que de cheveux sur tous Grenoblois) ce qui est impossible puisqu'il n'y a que 99 entiers.

Au moins deux Grenoblois ont donc le même nombre de cheveux.

200

p.225

Gardez en tête qu'AUCUNE des étiquettes ne correspond au contenu de sa caisse. Prenez une bouteille dans la caisse Rouge-Blanc :

- Si elle est rouge, la caisse contient 2 bouteilles de rouge. Les deux bouteilles de blanc ne peuvent pas être à leur place, elles sont donc dans la caisse étiquetée Rouge-Rouge.

La caisse Blanc-Blanc contient une bouteille de chaque.

- Si c'est du blanc, la caisse contient 2 bouteilles de blanc, et vous pouvez utiliser le même raisonnement.

201

p.226

Il vous faut retourner 2 cartes :

- La carte rouge pour vérifier qu'elle porte bien le numéro 7.

- La carte avec le numéro 4 pour vérifier qu'elle n'est pas rouge !

En effet, peu importe que le dos de la carte 7 soit rouge car même s'il est bleu, ma phrase n'implique pas que seules les cartes rouges aient un 7 au dos.

De même, peu importe le numéro se trouvant au dos de la carte bleue !

202

p.227

Vous devriez tirer en l'air !

En effet :

- Si vous visez Jim et que vous le touchez, John vous abattra.
Si vous ne le touchez pas, c'est comme si vous aviez tiré en l'air.

- Et si vous visez John, soit vous le touchez et Jim essaiera de vous tuer avec 2 chances sur 3 (ce qui est une meilleure probabilité que vous), soit vous le ratez, et alors c'est comme si vous aviez tiré en l'air.

- Et si vous tirez en l'air directement, Jim essaiera de tuer John car il sait qu'à choisir, John Crerait sur lui. Avec un peu de chance, Jim tue John, et c'est à vous de tirer en premier sur Jim. Et si Jim rate John, John l'abbatera et vous aurez toujours une chance sur 3 de tuer John avant d'être abattu.

203

p.228

Les phrases sont toutes contradictoires puisqu'elles indiquent respectivement :
0 phrases vraies, 4 vraies, 1 vraie et 2 vraies.

Donc une seule peut être vraie, et si une seule est vraie, c'est la troisième !

204

p.229

Demandez par exemple au gardien de la porte de gauche : « Si je demande à l'autre gardien si votre porte mène à la liberté, que me dira-t-il ? ».

- Si la porte de gauche mène à la liberté : si le gardien de gauche ment, il répondra NON ; s'il dit la vérité, il répondra NON.

- Si la porte de gauche mène à la prison : si le gardien de gauchement, il répondra OUI ; s'il dit la vérité, il répondra OUI.

Et voilà, vous avez identifié les deux portes !

205

p.230

Soit le 2e jumeau a répondu OUI, alors le juge n'est pas capable de déterminer qui est Sacha, les deux jumeaux ayant répondu de façon identique, rien ne les distingue.

Donc le 2e jumeau a répondu NON.
Ceci signifie que soit les deux jumeaux disent la vérité, soit ils mentent tous les deux.

Puisque l'un au moins des deux ment SYSTÉMATIQUEMENT, ils doivent mentir tous les deux.

Sacha est donc le 2e jumeau.

206

p.231

Quand Florence et Marion disent qu'elles mentaient hier, deux choix s'offrent à nous :

- soit elles mentent aujourd'hui et donc, elles ne mentaient pas hier
- soit elles disent la vérité aujourd'hui et donc, elles mentaient hier.

En tout cas, elles avaient un comportement différent la veille.

Ceci se produit les lundi et les jeudi pour Marion, et les jeudi et les dimanche pour Florence. Nous sommes donc jeudi.

ALLUMATHS

207

p.234

888 + 88 + 8 + 8 + 8 = 1000.

208

p.235

Ajoutez un trait sur l'un des signes « + » pour le transformer en « 4 » et vous obtiendrez : 545 + 5 +5 = 555.

209

p.236

Ajoutez une barre sur un des signes plus pour le transformer en 4. Par exemple : 848 + 8 + 8 + 8 + 8 + 8 = 888.

210

p.237

Prenez deux allumettes sur le 4 et formez un 0 avec ce qui reste du 4 et le 1.

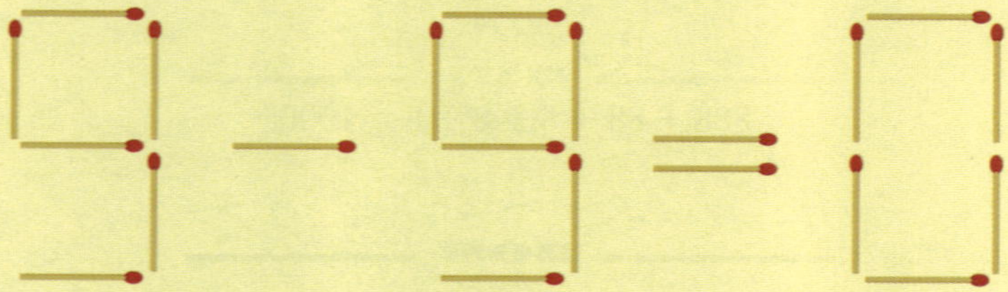

211

p.238

Prenez la main ! Car si vous me la laissez, je prendrai 3 allumettes
puis 1, 2 ou 3 si vous en prenez respectivement 3, 2 ou 1 !

212

p.239

Laissez moi la main !

Il vous suffira alors de prendre
1, 2 ou 3 si j'en prends respectivement 3, 2 ou 1 !

213

p.240

1 / 5 = 0,2
5 - 0,2= 4,8
5 x 4,8 = 24.

214

p.241

8 / (3 - 8 / 3) = 8 / (9 / 3 - 8 / 3) = 8 / 1 / 3 = 8 x 3 = 24.

215

p.242

6 / (1 - 5/7) = 6 / (7/7 - 5/7) = 6 / (2/7) = 21.

216

p.243

Voici une solution relativement simple :
1+2+3+4+5+6+7+8x9 = 28 + 72 = 100.

217

p.244

((5 x 2) - 3) x 4 = 28.

218

p.245

Vous pouvez poser les équations qui vous permettent de trouver la solution, ou bien plus simplement raisonner comme suit :

- Quelqu'un qui roule à 100 km/h va deux fois plus vite que quelqu'un qui roule à 50 km/h.

- Donc il parcourt, pour une même durée, deux fois plus de kilomètres.

- L'aller et le retour du trajet de François sont égaux en termes de distance.

- Donc François devrait mettre le même temps pour l'aller à 50km/h que pour l'aller-retour à une vitesse moyenne de 100 km/h.

Bref, François devrait déjà être de retour chez lui. La téléportation n'existant malheureusement pas encore, il est impossible pour François d'atteindre une vitesse moyenne de 100 km/h.

219

p.246

La seconde ligne est le double du nombre formé par les chiffres de la première ligne. La troisième ligne en est le triple. Magnifique non ?

220

p.247

Beaucoup de lettres pour un calcul qui a l'air compliqué mais si on vous pose la question, c'est qu'il y a une réponse ! Et en effet, dans les valeurs du produit, l'avant, avant-dernière est (x-x), valeur qui a le bon goût d'être nulle !

Le produit vaut donc 0.

221

p.248

Et voici la solution !

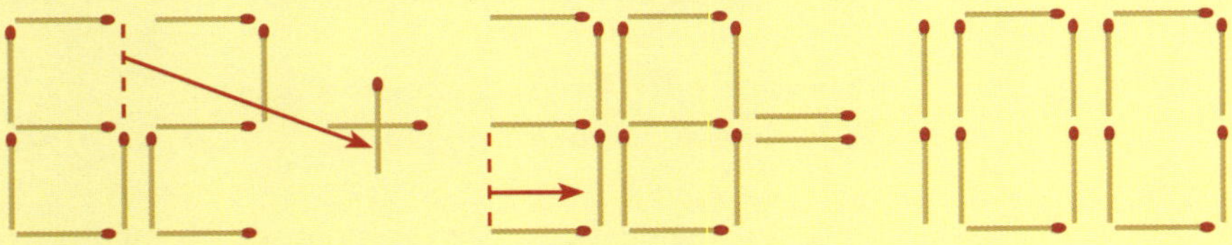

222

p.249

Déplacez légèrement une barre de chaque X de gauche pour obtenir : V + V = X. En nombre arabe, cela donne 5 + 5 = 10 qui est correct.

X + I = XI fonctionne également.

223

p.250

Il faut ici additionner ensemble les chiffres de chacun des nombres.

Par exemple : 72 + 99 = 7 + 2 + 9 + 9 = 27 Nous avons donc 21 + 31 = 7.

224

p.251

Avec un peu de minutie, vous devriez parvenir à reproduire ce pont :

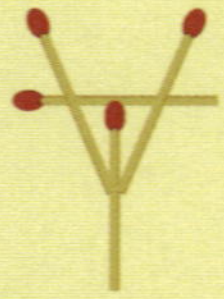

225

p.252

16151514
Vous devez réaliser les opérations suivantes entre les deux nombres dans le même ordre : addition, multiplication, division, soustraction.

226

p.253

La première étape est la résolution de l'opération.
La seconde étape consiste à dénombrer chaque chiffre du résultat, dans l'ordre de lecture.

Par exemple, 10 + 7 = 17. 17 s'écrit avec un 1 et un 7 donc le résultat est 1117.

Pour 42 - 7, le résultat vaut 35 soit 1315.

227

p.254

Additionnez les chiffres composant les nombres des additions et multipliez le résultat par 3.

Par exemple, 19 + 13 = (1 + 9 + 1 + 3) x 3 = 14 x 3 = 42.

Donc 7 + 10 = (7 + 1 + 0) x 3 = 24.

228

p.255

Les résultats sont le produit du chiffre multiplié par le chiffre moins 1.

Par exemple, 6 = 6 x 5 = 30.

Donc 7 = 7 x 6 = 42.

229

p.256

Les résultats sont composés de deux nombres accolés :
- Le résultat de l'addition des deux chiffres ;
- Le résultat de la soustraction des deux chiffres ;

Par exemple, 9 + 6 = (9+6) (9-6) = 153.

Donc 8 + 2 = 106.

230

p.257

Passer le 2 en exponentiel et vous obtenez :
$101 - 10^2 = 101 - 10x10 = 101 - 100 = 1$

231

p.258

En formant le chiffre 4 avec les allumettes puisque 4 est le carré de 2 (une autre solution possible est de former le nombre 9 en chiffre romain, IX, puisque 9 est le carré de 3 !).

232

p.259

Il faut prendre une allumette de droite pour former une racine carrée de I ($\sqrt{I} = I$).

SENIOR

233

p.262

1/ Posez 9 pièces sur chaque plateau. S'il y a équilibre, la pièce recherchée se trouve dans les 9 pièces restantes. Sinon, prenez les 9 pièces du côté le plus lourd de la balance.

2/ Vous avec donc identifié un groupe de 9 pièces contenant la pièce plus lourde. Placez 3 pièces sur chaque plateau de la balance. S'il y a équilibre, prenez les 3 pièces restantes et sinon, prenez les pièces du plateau le plus lourd.

3/ Prenez 2 des 3 pièces et mettez-les chacune sur un plateau. Soit, vous trouvez la plus lourde, soit c'est la pièce restante.

234

p.263

Vos poids font 1, 3, 9 et 27 kg.

Pour mesurer des poids intermédiaires comme par exemple 2 kg, placez le poids 1 kg sur un plateau et le poids 3 kg sur le second !

235

p.264

Chaque nombre doit apparaître 13 fois dans le carré.
En plaçant un nombre ailleurs que sur la diagonale, il faut également le placer à l'emplacement symétrique.

Ceci ne permet que de faire des nombres pairs pour chaque nombre et la seule façon d'obtenir 13 est donc de placer au moins une fois chaque nombre sur la diagonale.

La diagonale comportant 13 cases, chaque nombre doit y figurer une fois.

236

p.265

La réponse est non !

Un domino posé sur l'échiquier recouvre obligatoirement une case noire et une case blanche.

Retirer deux cases d'angle diamétralement opposées revient à retirer deux cases de même couleur et il reste alors 32 cases d'une couleur contre seulement 30 de l'autre.

Un domino recouvrant une case blanche et une case noire, il est impossible de recouvrir plus de 60 cases de l'échiquier !

237

p.266

Les prisonniers établissent la règle pour le 1er prisonnier interrogé :
- Si le nombre de chapeaux noirs que je vois est pair, j'annonce noir.
- Si le nombre de chapeaux noirs est impair, j'annonce blanc.

Avec cette seule information,
tous les autres prisonniers connaissent la couleur de leur chapeau
et seul le 1er interrogé aura une chance sur deux d'être libéré !!

En effet :
- Si le 1 er annonce noir, il y a un nombre pair de chapeaux noirs (en omettant le chapeau du premier prisonnier), donc si un prisonnier voit un nombre impair de chapeaux noirs (sans compter celui du 1er), il a un chapeau noir.

S'il voit un nombre pair de chapeaux noirs, il a un chapeau blanc.

- Si le 1er annonce blanc, il y a un nombre impair de chapeaux noirs (en omettant le chapeau du premier prisonnier), donc si un prisonnier voit un nombre pair de chapeaux noirs (sans compter celui du 1er), il a un chapeau noir.

S'il voit un nombre impair de chapeaux noirs, il a un chapeau blanc.

238

p.267

Si un des prisonniers donne toujours la couleur de sa carte et si le second prisonnier indique toujours la couleur opposée à la carte qu'il a reçue, ils s'en sortent à tous les coups !

En effet, soit ils ont des cartes de même couleur et alors le premier prisonnier aura toujours raison et s'ils ont des couleurs différentes, c'est le second prisonnier qui aura toujours raison.

239

p.268

C'est une position originale mais il existe bien un scénario dans lequel cette position peut exister : les blancs étaient initialement en haut.

Au coup précédent, les noirs avaient une pièce en a1 et les blancs un pion en b2. B2 mange a1 et le joueur blanc choisit de transformer son pion non pas en reine mais en tour.

240

p.269

Prenez 10 cartes au hasard parmi les 32. Retournez ce paquet de 10 cartes.

Ce paquet contient autant de cartes retournées que le paquet de 22 cartes !

En effet, soit X le nombre de cartes retournées dans le paquet que vous avez pris. Il y en a bien (10 - X) dans le paquet de 22 cartes et si vous retournez votre paquet de 10 cartes, vous en obtiendrez également (10 - X) !

241

p.270

La princesse alterne avec des chambres numérotées paire et impaire.

Le prince doit donc visiter toutes les chambres de 1 à N, dans l'ordre, alternant ainsi entre pair et impair. S'il ne la trouve pas, c'est qu'ils se sont croisés et avaient des parités inversées.

Arrivé à la chambre N, le prince n'a qu'à réouvrir la porte N pour changer de parité. En visitant ensuite les chambres de N-1 à 1, il tombera obligatoirement sur la princesse. La séquence est donc : 1, 2, ..., N-1, N, N, N-1, N-2, ...2, 1.

Enfin, pour optimiser son parcours, le prince pourra aussi remarquer qu'il ne lui sert à rien de visiter les chambres aux extrémités. Il peut donc parcourir les chambres dans l'ordre suivant :

2, 3, ..., N-1, N-1, N-2, ...3, 2. Il lui faudra au maximum 2 x (N - 4) jours pour trouver la princesse.

242

p.271

Le 1er jour, chaque moine peut :

- Soit ne pas voir de malade : puisqu'il y a au moins un malade, c'est lui.
Il se lève et quitte le monastère.
- Soit voir au moins un malade.

Les moines ayant attendu le 13e jour, chaque moine voit au moins un malade.

Le 2e jour suivant l'affchage de l'écriteau, chaque moine peut :

- Soit voir un malade : si ce malade avait été seul, il aurait quitté le monastère le 1 er jour, notre moine est donc malade lui aussi et les deux quittent le monastère.

- Soit voir strictement plus d'un malade.

Les moines ayant attendu le 13e jour, chaque moine voit au moins un malade.
Ainsi de suite

.

Au 13e jour, chaque moine peut :

- Soit voir 12 malades.

- Soit en voir plus.

Chaque moine qui voit 12 malades sait qu'il est malade puisque si les malades qu'il voit avaient été 12, ils auraient quitté le monastère le 12e jour.

Puisque les moines malades quittent le monastère le 13e jour, nous avons 13 moines malades qui voient chacun 12 moines malades autour d'eux.

Ces 13 moines quittent le monastère.

S O L U T I O N S

243

p.272

Pesez 4 pièces contre 4 autres.
2 cas s'offrent alors à vous :

- soit il y a équilibre et la fausse pièce est donc parmi les 4 pièces restantes. Les 8 que vous avez pesées sont OK, vous écrivez OK dessus.

Pesez 3 pièces OK avec 3 pièces parmi les non annotées. S'il y a équilibre, la pièce restante est la fausse. S'il n'y a pas équilibre, indiquez un + ou un - sur les 3 pièces si elles sont plus lourdes ou plus légères que les pièces OK.

Pour la dernière pesée, placez deux pièces marquées + ou -, chacune sur un des plateaux de la balance.

S'il y a équilibre, c'est la dernière pièce qui est la fausse, sinon, si elles sont marquées +, la plus lourde des deux est la fausse et si elles sont marquées -, c'est la plus légère des deux.

- soit il n'y a pas équilibre et vous devez alors :

- marquer les 4 pièces non pesées d'un OK.

- marquer les 4 pièces du côté le plus lourd d'un +.

- marquer les 4 pièces du côté le plus léger d'un -.

Il ne vous reste que deux pesées et c'est le moment d'être particulièrement astucieux !

Prenez 3 pièces OK et une pièce - et pesez-les face à 3 pièces - et une pièce +.

Il y a alors 3 possibilités :

- soit il y a équilibre.

La fausse pièce est parmi les 3 notées + qui sont de côté.

Pesez en deux ensemble pour déterminer la fausse pièce qui est une des trois (en vous souvenant que la fausse est plus lourde puisque vous avez des + dessus).

- soit le côté avec 3 - et 1 + est plus lourd et vous savez que, soit cette pièce + est plus lourde, soit la pièce - qui est de l'autre côté avec les 3 OK est plus légère. Pesez une de ces deux pièces avec une pièce OK pour déterminer laquelle est la fausse.

- soit enfin le côté avec 3 - et 1 + est plus léger et vous savez alors que votre fausse pièce est plus légère et que c'est une des 3 pièces notées -.

Pesez alors deux de ces pièces - ensemble pour déterminer quelle est la fausse pièce.

C'est terminé.

S O L U T I O N S

244

p.273

627 Cela permet de compléter le code barre de ce livre qui est 9782019456627.

245

p.274

Commencez par tracer un circuit qui passe une fois par chaque case comme dans l'exemple ci-dessous.

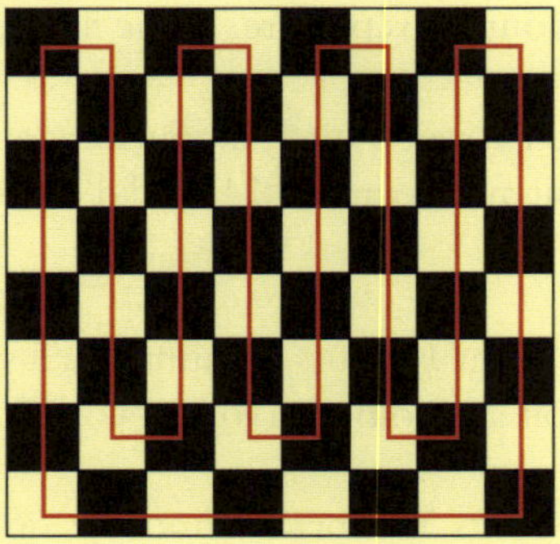

Ce circuit forme une boucle et tout au long de son tracé, vous pouvez voir que vous alternez cases blanches et noires.

Maintenant, imaginons enlever n'importe quelle case blanche et n'importe quelle case noire puis partons de la case blanche enlevée en suivant le circuit : la prochaine case est soit noire, soit c'est la case noire enlevée.

1/ Si c'est la case noire enlevée, reprenez le circuit après celle-ci.

Vous commencez par une case blanche. Suivez le circuit en posant des dominos, vous poserez votre 31e domino sur la case noire juste avant la case blanche enlevée.

Le tour est joué.

246

p.275

Il y a 14 ou 16 tours dans la cour.

Jour 1 : Selim voit 10 tours et il ne répond pas au tueur.
S'il voyait 15 ou 16, il pourrait répondre. Donc il voit au maximum 14 tours.

Walid voit 6 tours. S'il en voyait 0 ou 1, il pourrait annoncer qu'il y a 14 tours puisque Selim en voit au maximum 14. Walid en voit donc au moins 2.

Jour 2 : si Selim voyait 13 ou 14 tours, il saurait qu'il y a 16 tours dans la cour puisque Walid en voit au moins 2. Donc il voit au maximum 12 tours.

Si Walid voyait 2 ou 3 tours, il pourrait annoncer qu'il y a 14 tours puisque Selim en voit au maximum 12. Walid ne répond pas
donc Selim sait que Walid en voit au moins 4.

Jour 3 : si Selim voyait 11 ou 12 tours, il saurait donc qu'il y aurait 16 tours. Donc il voit au maximum 10 tours. Et de la même façon qu'auparavant, Walid voit au moins 6 tours.

Jour 4 : Selim sait que Walid voit au moins 6 tours. Il en voit lui-même 10. Il sait donc qu'il y a 16 tours dans la cour, et non 14.

Il donne cette réponse, et les deux prisonniers sont libérés.

247

p.276

En coloriant la diagonale du quadrillage, nous obtenons, au bout de plusieurs itérations, une coloration complète du carré.

Pour démontrer que n-1 cases noires ne suffisent pas à colorier entièrement le quadrillage, nous allons étudier le périmètre global de toutes les formes créées par les cases noires.

Par exemple, une case noire seule a un périmètre de 4 puisqu'elle a 4 côtés. Deux cases noires adjacentes ont un périmètre de 6.

À chaque itération, le périmètre reste soit stable, soit il décroît.

Étant donné que :
- le périmètre de la diagonale est de 4 x n ;
- le périmètre du quadrillage complet est de 4 x n (carré de côté n) ;
- le périmètre maximum de n-1 cases noires est de 4 x (n-1).

Alors, en partant d'un périmètre de 4 x (n-1) pour n-1 cases noires initiales, il est impossible d'obtenir un quadrillage entièrement coloré qui aurait un périmètre noir de 4 x n, puisque la fonction périmètre décroît ou reste stable à chaque itération.

La réponse est donc n et la diagonale est une des solutions permettant de colorier entièrement le quadrillage.

248

p.277

Le nombre de configurations étant fini, à un moment, soit nous tombons sur une position stable, soit un cycle se forme.

Les seules positions stables sont de la forme 1111...110 (tous les enfants ont un bonbon, sauf un).

Montrons qu'il n'est pas possible d'avoir un cycle (de période > 1), en supposant qu'il y ait un cycle :

1) Au cours d'une période tout enfant doit au moins une fois distribuer des bonbons. Sinon il n'en distribue jamais mais comme nous avons un cycle, il doit avoir autant de bonbons au début qu'à la fin, ce qui signifie qu'il n'en reçoit jamais non plus. Mais dans ce cas, ces voisins n'en distribuent jamais non plus, et ainsi de suite, ce qui signifie qu'aucun bonbon n'est échangé et donc nous serions dans une positition stable (période = 1).

2) Cela implique qu'au moins un bonbon passe par deux enfants côte à côte.

3) Il y a n espaces entre les enfants, E1, E2, ..., En. Associons un espace entre deux enfants à un bonbon :

- Quand un premier bonbon passe dans l'espace Ei, on le marque Ei (*i* compris entre 1 et *n*). Si un second bonbon passe, on ne le marque pas.

- Désormais, le bonbon Ei restera entre les deux enfants autour de l'espace Ei (on ne le fait pas partir à gauche ni à droite).

De cette façon on s'assure que tout espace marque au plus un bonbon. Tout espace marque un bonbon sinon cela signifie qu'il n'est jamais traversé, ce qui contredirait le point 1. Or il y a n-1 bonbons et n espaces, ce n'est donc pas possible. Il n'y a donc pas de cycle et toutes les configurations initiales convergent vers une position stable du type 111....1110.

249

p.278

Étudions la question : « Si je vous demande si 1+1=2, répondez-vous BIP ? ».

Si BIP signifie oui, Vérité répond BIP et Mensonge aussi.
En effet, Mensonge DOIT mentir, vu que 1+1=2,
il mentirait et dirait non (BOP).
Donc il ne répondrait pas BIP. Mais vu qu'il ment sur la question globale,
il doit répondre oui (BIP).

Si BIP signifie non, Vérité répond BIP et
Mensonge répond à nouveau non (BIP).

Donc, pour Vérité et Mensonge, « Si je vous demande si [phrase vraie], répondez-vous BIP ? » aura toujours une réponse BIP.

De même, « Si je vous demande si [phrase fausse], répondez-vous BIP ? » aura toujours une réponse BOP.

Soit A, B et C les triplés. Voici une solution :
1) Identifions un triplé n'étant pas Aléatoire en demandant à A.
« Si je vous demande si B est Aléatoire, répondez-vous BIP ? ».

Si A répond BIP :
- Soit vous parlez avec Aléatoire et la réponse n'a pas de valeur.
- Soit vous parlez à Mensonge ou Vérité et B est Aléatoire.
Donc C n'est pas Aléatoire.

Si A répond BOP :
- Soit vous parlez avec Aléatoire et la réponse n'a pas de valeur.
- Soit vous parlez à Mensonge ou Vérité et B n'est pas Aléatoire.
Donc B n'est pas Aléatoire.

2) Vous avez donc trouvé un triplé qui n'est pas Aléatoire (B ou C selon le cas).

Demandez-lui « Si je vous demande si vous êtes Vérité, répondez-vous BIP ? » S'il répond BIP, il est Vérité. S'il répond BOP, il est Mensonge.

3) Posez enfin au même triplé une question du type « Le triplé A est-il Mensonge/Vérité ? » (Indiquez Vérité si vous savez que votre triplé est Mensonge et vice versa).

Et voilà ! Vous venez de déterminer qui est qui ! Mais vous ne savez toujours pas ce que signifient BIP et BOP...

250

p.279

Lorsqu'une rencontre se produit, un type de caméléon augmente de deux unités quand les deux autres types diminuent d'une unité.

Cela crée un différentiel de 0 ou de 3 entre chaque type.

Concentrez-vous sur le différentiel entre les nombres de caméléons bleus et jaunes (bleus - jaunes).

Il vaut 2 au départ, toujours 2 si un rouge est créé, -1 si un jaune est créé et 5 si un bleu est créé. En bref, bleus - jaunes = 2 +/- (n x 3) avec n entier ou autrement dit, 2 modulo 3.

Placez-vous maintenant à la fin d'une partie qui ne contient que des jaunes : la différence bleus - jaunes = -27 (7+9+11).

Avec des bleus seulement, 27 et avec des rouges seulement, 0. -27, 27 et 0 sont des multiples de 3 et valent 0 modulo 3.

Il n'est donc pas possible d'avoir des caméléons d'une seule couleur !

REMERCIEMENTS

L'auteur tient à remercier toute l'équipe d'Hachette ainsi que ses partenaires de jeux de l'esprit : Pierre, Seb, Mathieu, Jeff et Tophey.

BONUS

En bonus, quelques nombres et opérations rigolotes :

$88^2 + 33^2 = 8833$
$12^2 + 33^2 = 1233$

$33^2 + 44^2 = 55^2$

$11^2 = 121$
$111^2 = 12321$
$1111^2 = 1234321$
$11111^2 = 123454321$
$111111^2 = 12345654321$...

$98765432 * 9 = 888888888$